Ungeliebte deutsche Flüchtlinge 1945
Flüchtlingsproblematik heute

*Für unsere Kinder und Enkelkinder,
die keinen Krieg miterlebt haben*

Ungeliebte deutsche Flüchtlinge 1945
Flüchtlingsproblematik heute

Berichte über Flucht und Lagerleben
Herausgegeben von Renate Bergmann

Bibliographische Information der Deutschen Nationalbibliothek.
Die Deutsche Nationalbibliothek verzeichnet diese Publikation in der
Deutschen Nationalbibliografie;
Detaillierte bibliographische Daten sind im Internet über
http://dnb.d.-nb.de abrufbar.

© Herausgeber u. Autor: Renate Bergmann,2014
Ohweg 15, 21442 Toppenstedt
Umschlag: Vincent Bergmann
Herstellung und Verlag: BoD - Books on Demand, Norderstedt
ISBN 978-3-7322-8504-4

Inhalt

Vorwort 8
Teil I 9
Ungeliebte deutsche Flüchtlinge 1945 9
Bericht: Geschwister Hennig 9
   Der Aufbruch 04.02.1945 9
   Rettung über die Ostsee 12
   Von Kopenhagen nach Svenborg 13
   Von Svendborg nach Ollerup, a. d. Insel Fünen. 13
   Von Ollerup nach Aalborg 15
   Wann werden wir endlich entlassen? 16
   Von Aalborg nach Offenburg 17
   Von Offenburg nach Strohbach 18
   Endlich wieder einen eigenen Platz 1948 19
Bericht: Paul Zieglowski 20
   Mit Pferd und Wagen auf der Flucht 20
   Unter Lebensgefahr auf See 23
   Das Lagerleben beginnt 26
   Weiter nach SkelskØr 29
   Weiter nach Aalborg 31
   Entlassung nach fast 2 Jahren 33
   Ein neuer erfolgreicher Anfang 34
Gespräch 35
zw. P. Zieglowski u. R. Bergmann: 35
Bericht: Edeltraut Kowald 37
   Was wir vorher erlebten 37
   Was wir in Oksböl erlebten 39
   Wie es uns weiter erging 42
   Von Dänemark nach Roydorf bei Winsen/L 43
   Wie ich heute darüber denke 44
Bericht: Georg David 45
   Lagerleben in Oksböl 45
   Hunger, Ungeziefer und Krankheit 48
   Eingesperrt und eingeengt 49
   Schule und Langeweile 49

- Unbändige Freude 51
- Aus Fremden werden Freunde 52
- Bericht: Meta Michalek 53
  - Die Heimat verlassen 53
  - Lagerleben in Oksböl 55
  - Ein neues Zuhause suchen 60
  - Rückblick 62
- Bericht: Edith Schöpf 64
  - Wir müssen fliehen 64
  - Letzte Rettung über die Ostsee 66
  - Neue Hoffnungen – neue Enttäuschungen 68
  - Manchmal denke ich darüber nach... 68
- Bericht: Gregor Bergmann 69
  - Aufbruch und Fluchtweg 69
  - Internierungslager Silkeborg-Bad 87
  - Internierungslager Oksböl 116
  - Ende des Lagerlebens 01. 08. 1947 129
- Flüchtling aus dänischem Lager- A. Miegel 136
- Teil II 139
- Flüchtlingsproblematik heute 139
  - Ist 1945 überhaupt mit heute vergleichbar? 139
  - „Wegsehen ist keine Lösung", ... 140
  - „Flucht in Zahlen" 143
  - Kriege hat es immer gegeben. 143
  - Wir können Hoffnung haben 144
  - Quellen und Literatur 146

Vorwort

Täglich sehen und hören wir, dass heutzutage viele tausende Menschen vor Krieg und Terror flüchten und in Lagern leben müssen.
Darum habe ich Berichte gesammelt von Menschen, die als Kinder 1945 flüchten mussten, in dänischen Lagern, vor allem in Oksböl, eingesperrt waren und sich noch heute daran erinnern Herzlichen Dank an Geschwister Hennig,
Paul Zieglowski,
Edeltraut Kowald, geb. Habermann
Georg David,
Meta Michalek, geb. Fellenberg
Edith Schöpf, geb. Hesse
Zuletzt folgt ein Auszug aus dem Buch „Mit Kopf und Herz – Mein weiter Weg ins Leben" von meinem Mann Gregor Bergmann, der auch 2 ½ Jahre als Flüchtling in dänischen Lagern verbringen musste. Um verstehen und mitfühlen zu können, muss man „zwischen den Zeilen lesen", so, wie man auch die Fernsehbilder nicht wie Kinofilme aufnehmen darf.
Im II. Teil wird die heutige Flüchtlingsproblematik aufgegriffen. Wir können dieses politische Problem zwar nicht beeinflussen, aber wir sollten uns immer wieder davon berühren und beunruhigen lassen, denn „Wegsehen ist keine Lösung".
Mögen die Aufzeichnungen dieser Kriegskinder uns helfen, das heutige Leid der Mütter und Kinder deutlicher nachzuempfinden und zu begreifen, dass Krieg noch nie Probleme gelöst hat.
     Renate Bergmann, im Januar 2014

Teil I

Ungeliebte deutsche Flüchtlinge 1945

Bericht: Geschwister Hennig
Der Aufbruch 04.02.1945

Nachdem die Front immer näher rückte und am 04. 02. 1945 vor unserem Dorf **Kaschaunen/Kreis Braunsberg** stand, haben wir uns entschlossen, die Heimat zu verlassen.

Vater war öfter zu den Nachbarn gegangen, um zu sehen, was die machen wollten. Der Gauleiter Koch hatte bei Strafe verboten, vor den Russen zu fliehen. Am Montag, 05. 02. 45 kam der Vater zurück und sagte, wir sollten schnell das Wichtigste zusammenpacken, was auf den Wagen passt. Die anderen wären schon alle fort. Da haben wir Hennigs uns mit fünf Personen und unsere Cousine Anna Kranig mit ihrer Tochter Ulla, Opa Friese, Schneider Ehlert mit vier Personen und Frau Holzki mit ihren vier Kindern im Laufe des Nachmittags auch eilig auf den Weg gemacht.

Wir waren also neun Erwachsene und sieben Kinder. Der Älteste unter uns war Opa Ehlert mit fast 80 Jahren. Der Schneider Ehlert war um die 75 Jahre. Die zweijährige Ulla war die Jüngste. Holzkis Rosemarie und Josef waren auch erst 3 ½ und 4 ½ Jahre. Die Holzkis hatten zu der Zeit auch noch die Ukrainerin Tatjana als Kriegsgefangene. Zwischen ihnen bestand ein gutes Verhältnis und das junge Mädchen wollte mit Holzkis vor den Russen fliehen. Sie schloss sich uns an, aber als sie eigene

Landleute traf, rieten diese ihr, nicht bei den Deutschen zu bleiben, weil sie dann mit Erschießung rechnen müsse. Was mag aus ihr geworden sein?

Der Fluchtweg

Am ersten Tag sind wir bis **Lichtenau** gefahren, d. h. der Vater und Opa Ehlert lenkten die Pferde, und auf dem Wagen saßen nur noch die Oma Aßmann, d. i. Frau Ehlerts Mutter und die kleinen Kinder. Wir anderen sind alle gelaufen. Anna, Rela (16 Jhr.) und Agnes (21 Jhr.) haben die Fahrräder geschoben, was manchmal sehr schwer war, da überall viel Schnee und Matsch auf den Wegen war. Doch die Fahrräder haben uns später viele gute Dienste geleistet. Ohne sie hätten wir alle bestimmt nicht zusammen bleiben können.

Von Lichtenau ging es weiter über **Lays** bis nach Gut **Hasselberg**, wo wir in einer Scheune übernachtet haben. Dann führte der Weg nach **Hohenfürt, Hasselpunsch, Eisenberg, Hohenwalde, Regitten und Anhof.**

Als wir danach **Pfahlbude** erreichten, mussten wir auf das zugefrorene Haff. Drei Tage und eine Nacht mussten wir über das Eis fahren. Eine Nacht durften wir schlafen, das war in **Pröbbenau auf der Nehrung**. Die Wagen blieben auf dem Eis stehen, wo die Soldaten sie bewacht haben. Es ist auch nichts von unserem Wagen weggenommen worden. Von den Soldaten bekamen wir etwas heißen Tee, das vergesse ich nicht, weil wir alle viel Durst hatten. Zum Glück hatten wir die Federbetten, denn es war furchtbar kalt. Schließlich kamen wir am nächsten Tag in **Bodenwinkel** wieder vom Eis herunter.

Wir rasteten zwei Nächte in **Stutthof**, im leeren KZ. Wir wussten damals nicht, dass zuvor die todgeweihten Gefangenen hier herausgetrieben worden waren. Aber dann mussten wir weiterziehen über **Stegen, Pasewark** nach **Nickelswalde an der Weichsel**. Wir wollten schnell an das andere Ufer. Aber wegen des schweren Eisganges konnte keine Fähre fahren. Wir mussten ein paar Tage warten, bis es endlich wieder weiter ging.

Wir fuhren noch bis **Danzig-Emaus**, wo Oma Ehlert verstorben ist. Sie hatte schon einige Zeit schwer unter Durchfall zu leiden gehabt. Damals hatten wir eine Unterkunft in einer evangelischen Kirche gefunden. Der Pastor half, wo er nur konnte. Er betete mit uns und tröstete Oma Ehlert. Am 1. März konnte sie beerdigt werden in Danzig-Emaus.

Weiter ging es bis **Oliva,** wo wir uns drei Wochen ausruhen konnten. Um den 22. März hatten die Russen uns eingekesselt. Es hieß, jetzt gäbe es nur noch die Flucht über die Ostsee. Alle hatten Angst vor dem Ertrinken, besonders auch unser Vater.

In Oliva lernte Mutter Holzki die Familie Paschke kennen und die beiden Frauen schlossen sich zusammen. Sie wollten lieber zurück nach Kaschaunen ziehen.

Wir sind dann ohne sie über **Heubude, Sandweg, Plenendorf nach Wesslinken** gefahren. Von da aus wurden wir nach **Schmerkblock** geleitet, wo wir ca. 1o bis 14 Tage in einer Scheune lagerten. Weiter ging es dann nach **Schiewenhorst.** So wie tausend andere musste Vater schließlich die große Angst überwinden und sich um die Einschiffung bemühen. Am 20./21.April 1945 wurden wir mit dem Schiff nach Dänemark gerettet.

Rettung über die Ostsee

Unser Schiff war die „Minden". Doch zuerst mussten wir uns in Schiewenhorst von fast allen unseren Sachen trennen. Nur Handgepäck war erlaubt. Was werden die Eltern eilig an sich genommen haben? Die wichtigen Papiere sicherlich, einige Fotos? Mir packte Mutter einen Seesack mit Decken und etwas Essbarem auf den Rücken. Wir haben diesen Seesack noch heute. Dann wurden wir in Eile auf einen letzten Kohlenkutter geschoben, dicht an dicht. Hatte jemand zu viel störendes Gepäck, wurde es von den Soldaten kurzerhand ins Wasser geworfen.

Das war also an Hitlers Geburtstag. Darum haben wir alle besonders große Angst gehabt, dass etwas Schlimmes passieren könnte. Bei der **Halbinsel Hela** hat man uns auf offener See auf das große Lazarettschiff **Minden** geladen. Ich weiß, es war stockdunkel. Von der riesigen Schiffswand ließen Matrosen an vier Seilen eine Art Schaukel herab. An den Seiten war ein Seil zum Festhalten quer gespannt. Wir mussten nacheinander hinaufsteigen und wurden hochgehievt. Manch einer ist nie da oben angekommen. Aber niemand konnte helfen. An Deck fanden wir überall verwundete Soldaten liegen, ohne Verpflegung, furchtbar verlaust und auch sonst kaum versorgt. Meine Mutter hatte noch Brot von zu Hause und hat es verteilt. Bald sagte sie verzweifelt: „ Alles kann ich nicht geben, weil wir doch selbst nicht wissen, wie es mit uns weiter geht, wenn wir nach Norddeutschland kommen." Später erfuhren wir, dass schon 1.500 Verwundete an Bord waren. Dazu kamen 4.500 Flüchtlinge.

Wir wussten alle nicht, wo wir hin transportiert werden. Plötzlich hieß es, wir seien in **Kopenhagen**. Da war auch unser letztes Brot verschimmelt.

Von Kopenhagen nach Svenborg

In Kopenhagen wurden wir erst mal entlaust. Dann ging es weiter nach **Svendborg.** Dort lebten wir drei Wochen in einer Seemannsschule. Hier waren auch noch Soldaten untergebracht. Es war für uns sehr interessant zu beobachten, dass diese Soldaten sich mit den vorbeifahrenden Seeleuten über Fähnchen verständigten.

So erfuhren wir eines Tages, dass der Krieg aus sei, das war der 08. Mai 1945. Für uns alle war es eine Erlösung. Aber wie wird es weitergehen? Die Deutschen Soldaten mussten abmarschieren. Jetzt hatten die Dänen allein die ganze Last mit uns Flüchtlingen. Wir waren ungebetene Gäste, das konnte man merken.

Von Svendborg nach Ollerup, a. d. Insel Fünen.

Mitte Mai 1945 hat man uns nach **Ollerup** verfrachtet. Hier hatte die deutsche Wehrmacht während der Besatzung eine Volkshochschule für die Flüchtlinge räumen lassen. Am Anfang gab es noch für jeden ein paar Kronen und man durfte aus dem Lager gehen und sich etwas kaufen. In Ollerup war es, dass Rela so schwer an einer Drüsenerkrankung litt. Wir waren sehr besorgt, als sie nach Odense ins dänische Krankenhaus gebracht wurde. Aber die Dänen waren gut zu den deutschen Patienten. Rela wurde operiert und musste später ein zweites Mal dort behandelt werden, weil sich ein Knoten am Bein gebildet hatte. Auch unsere Agnes hatte damals Knieprobleme. Wie viele Kilometer waren wir gelaufen? Sie musste zum Arzt. Vielleicht hat man sie nicht richtig behandelt, denn sie ist das Knieleiden nie mehr losgeworden.

Für die Männer gab es im Lager kaum eine Beschäftigung. Aber sie haben sich immer nach etwas Brauchbarem umgesehen, um unsere Situation zu verbessern. Sehr wichtig war es für uns alle, Brennholz zu ergattern. Die Kälte war kaum zu ertragen. Also suchten die Männer Sperrholz. Aus der Not heraus haben sie auch recht praktische Koffer zusammen gebaut. So konnten wir später unser weniges Eigentum besser von Lager zu Lager tragen. Zwei von diesen Holzkoffern besitze ich noch heute. Unsere Männer waren sehr geschickt und machten aus Fahrradspeichen lange Stricknadeln. Wir Kinder fanden in einem verlassenen Depot Jutesäcke, die mit Garn fest umhäkelt waren. Wir hatten längst gelernt, wie und wann man sich in so ein bewachtes Depot einschleichen konnte. Ruck- Zuck ribbelten wir die Umhäkelung auf und brachten die Beute in unsere Baracke. Fleißig strickten wir Mädchen und Frauen Socken und Jacken davon. Irgendwo haben meine Cousine Anna und unsere Agnes karierte Bettwäsche „organisiert". Davon haben sie sich mit der Hand Kleider für den Sommer genäht. Wir hatten ja kaum etwas zum Anziehen. Wer weiß woher, hat unsere Agnes auch eine Matrosenjacke ergattert. Die hat sie ganz chic zur Damenjacke umgearbeitet. Diese Jacke hat die Flucht auch überlebt. Sie wird in Ehren gehalten und an Fastnacht sorgt sie noch für Spaß. Gerne wären wir Kinder auch in eine „Schule" gegangen. Doch es gab keine Lehrkräfte für uns und sicher auch kein Lehrmaterial.

Als wir uns in Ollerup einigermaßen eingewöhnt hatten, mussten wir wieder weg. Wir waren hier fast ein ganzes Jahr.

Von Ollerup nach Aalborg

Anfang März 1946 brachte man uns nach **Aalborg** in ein großes Barackenlager. Wir erschraken alle vor dem riesigen Stacheldrahtzaun, hinter dem wir nun leben sollten. Doch bald merkten wir, dass der Zaun uns auch schützen sollte, denn wir waren bei den Dänen selbstverständlich nicht beliebt. Hier in diesem Lager war es für uns alles ganz anders, eigentlich schlechter. In einem großen Raum waren etliche Familien untergebracht, ich weiß nicht mehr, wie viele es waren. Es war schrecklich unruhig. Mit ein paar Lumpen haben alle versucht, die Etagenbetten so abzuteilen, damit jede Familie ein bisschen für sich war. Von einem Intimbereich kann nicht die Rede sein. Es gab eine einzige Wasserstelle für alle. Da waren nebeneinander mehrere Wasserhähne und darunter eine lange Rinne. Die Wäsche sollte man hier auch waschen, aber nur kalt. Mutter hat später in einem kleinen Topf die Wäsche auf dem Kanonenofen gekocht. Der Ofen stand in der Mitte der Baracke. Selbstverständlich musste man alles mit Allen teilen: das Essen, das Wasser, die Wärme, den Platz, die Ruhe und die Luft. Einmal in der Woche konnten wir warm duschen. Das empfanden wir als einen großen Luxus.
Vom Essen gibt es nicht viel zu erzählen. Es war nicht ausreichend. Zwar musste man nicht verhungern, aber besonders die Heranwachsenden und die Männer hatten immer Hunger. Wir holten unsere Portion aus der Kantine und aßen in unserer Baracke am großen Tisch in der Mitte. Natürlich war

es denkbar einfach: oft Suppe mit Grütze, manchmal Fisch, selten Fleisch, wenig Möhren, Rüben und Kohl, leider nicht mehr frisch. Agnes und Rela haben oft in der Küche geholfen. Das war eine begehrte Arbeit, weil man dann eine kleine Essenszulage bekam. Schade, wir wussten nicht, dass die Dänen ja damals selber nichts hatten. Auch in Deutschland hungerten die Menschen.
Erfreulich war, dass es in Aalborg manchmal eine Kino-Vorstellung gab. Recht regelmäßig war auch Gottesdienst, was uns natürlich sehr freute.
Wir wurden auch ärztlich betreut und alle mehrmals geimpft. Es gab sogar für einige Leute Arbeitsgelegenheiten.
Die Kinder sollten auch Schulunterricht haben, aber dazu gab es wohl viel zu wenige Lehrpersonen auch in diesem Lager. Also war das Lernen absolut minimal, das merkten wir Kinder aber erst später bei der Eingliederung.

Wann werden wir endlich entlassen?

Natürlich wollten wir alle so schnell wie möglich aus dem Lager heraus. Unsere Anfangs-Hoffnung, wieder auf unseren eigenen Hof und in unser eigenes Haus zurückzukommen, hatten wir schon seit langem aufgegeben. Im Februar 1947 wurde bereits bekanntgegeben, dass Deutschland in vier Zonen aufgeteilt worden sei. Man sollte sich melden, ob man in die Britische-, Französische-, Amerikanische- oder Russische Zone ausreisen möchte. Das waren für uns schwerwiegende Überlegungen. Uns Katholiken aus dem Ermland schlug man vor, die Französische-Zone zu wählen, damit man nicht in eine vorwiegend protestantische Gegend kam. Zudem war es erforderlich, dass man eine Einladung von Verwandten oder guten Bekannten vorweisen konnte, aus der hervorging, dass diese die Versorgung für uns übernehmen können und werden. Wir hatten ja nichts mehr. Über den Suchdienst musste man die Verwandten erst einmal suchen. Das lange Warten auf eine briefliche Antwort kostete viel Kraft und stellte die Hoffnungen auf eine harte Probe. Endlich kam für uns ein Brief aus Deutschland von unseren Verwandten in Bottrop. Mutters Bruder und Schwester waren nämlich bereits in der schlechten Zeit nach dem 1. Weltkrieg ins Ruhrgebiet gezogen, um mit Zechenarbeit durchzukommen. Sie luden uns ein und versprachen, fürs Erste für unsere Familie zu sorgen. Meine Eltern meinten, wenn wir erst in Deutschland sind, dann fahren wir nach Bottrop. Mit diesem Entschluss ist Vater zur Kommandantur gegangen. Es klappte tatsächlich, und am 27. Febr. 1947 durften wir mit vielen anderen Ostpreußischen Flüchtlingen Dänemark verlassen.

Von Aalborg nach Offenburg

Zunächst kamen wir in **Offenburg** an. Hier war das **Durchgangslager Holderstock**. Endlich waren wir unter Deutschen. Allerdings konnten wir am Anfang ihren Dialekt kaum verstehen. Von Holderstock aus wurden die Flüchtlinge in verschiedene Gemeinden verteilt. Nun musste man sich also trennen von den Menschen, mit denen man die Strapazen der Flucht und die Freuden und Leiden des Lagerlebens geteilt hat. Unsere Kusine Anna Kranig durfte mit ihrer Tochter weiterfahren nach Bottrop, weil dort schon ihr Mann Erich lebte. Das Abschiednehmen fiel uns schwer. Zu uns sagte man, dass das Ruhrgebiet überfüllt sei und wir müssten hier im Bundesland Baden bleiben. Später musste unser Vater noch einmal ins Büro kommen. Da war eine Bäuerin aus Strohbach, die für ihre Schwägerin eine Hilfe suchte. Diese Schwägerin hatte ihren Mann verloren. Nun lebte sie mit ihren vier Kindern allein auf dem eigenen Bauernhof und konnte ihn nicht bewirtschaften. Vater wurde gefragt, ob er diese Aufgabe übernehmen wolle Da haben die Eltern zugesagt. So sind wir also nach **Strohbach** gekommen.

Von Offenburg nach Strohbach

Wir haben unsere Ersatz-Heimat nach und nach angenommen und versuchten uns einzuleben. Vater hat als Knecht gearbeitet, was ihm als ehemals selbständigen Bauern bestimmt nicht leicht war. Rela hat als Magd gedient und unsere Mutter sah, dass die Bäuerin unbedingt Hilfe brauchte und verdiente mit Arbeit für uns das Essen. Ich, als die Jüngste, musste natürlich zur Schule. Vor der Flucht besuchte ich die 4. Klasse unserer Dorfschule. Weil ich jedoch inzwischen schon zwölf Jahre alt war, wurde ich gleich in die 6. Klasse gesteckt. Es war schwer für mich, wie für alle Flüchtlingskinder, aber ich schaffte es. Ich wurde regulär entlassen und besuchte danach noch die Fortbildungsschule. Agnes fand im Nachbarort bei einer Bauernfamilie eine gute Arbeit und Unterkunft. Sie hatte es gut dort. Aber ihr Knieleiden, das sie von Dänemark mitgebracht hatte, wurde immer schlimmer. Sie musste sich operieren lassen und man entfernte die Kniescheibe. Seitdem hat sie leider ein steifes Bein. Bei unserem Vater zeigten sich nun auch die Auswirkungen der Flucht. Nach etwa einem Jahr bekam er so starkes Rheuma, dass er nicht mehr arbeiten konnte. Auch unsere Rela, die in Ostpreußen so ein gesundes Bauernkind gewesen war, hatte die Flucht und den Hunger nicht ohne bittere Folgen überstanden. Wie schon in Dänemark brach das Drüsenleiden wieder auf. Sie musste an Drüsen-TBC operiert werden und war lange im Krankenhaus.

Endlich wieder einen eigenen Platz 1948

Inzwischen waren wir drei Jahre unterwegs gewesen, haben mal hier, mal dort unter Fremden hausen müssen. Überall mussten wir uns anpassen, mussten immer gut auf unsere wenigen Sachen achten, hatten nirgends einen Intimbereich und mussten ständig damit rechnen, wieder weiter geschickt zu werden.
Nachdem Rela endlich gesund war, bekamen wir 1948 die lang ersehnte eigene kleine Wohnung in Strohbach. Das war für uns alle eine große Freude und Erleichterung. Am meisten freuten sich unsere Eltern. Jetzt konnten sie etwas Ruhe finden. Doch in dieser schlechten Zeit war nicht nur die Wohnungsnot sehr groß, es gab außerdem kaum Arbeit. ela hatte Glück. Sie konnte bald in einer Weberei als Weberin arbeiten. Auch Agnes bekam in derselben Firma Arbeit als Näherin. Als ich 1949 aus der Schule entlassen wurde, konnte Rela mich ebenfalls dort unterbringen. Agnes wechselte später zur Firma Hugla und nähte Polstermöbel. Wir waren alle das Arbeiten von zuhause gewohnt. Auch Agnes arbeitete viel und schwer, bis sie sich an ihrer Wirbelsäule operieren lassen musste. Sie war noch einmal ein ganzes Jahr lang in der Klinik. Dann konnte sie leider nicht mehr arbeiten und ist seitdem

Rentnerin. Wegen der Wohnungsnot errichtete die Stadt kleine Holzhäuschen als Behelfsheime. Wir konnten 1949 auch in so ein kleines Holzhäuschen einziehen. Da waren wir wieder einen Schritt weitergekommen und hatten mehr Platz.
Unseren Traum von einem Eigenheim konnten wir uns erst etwa 20 Jahre später erfüllen, also 1968.
So sind wir Ostpreußen langsam, Schritt für Schritt zugezogene Schwarzwälder geworden aber die Heimat haben wir nie vergessen.

       Annemarie Bohn, geb. Hennig

Bericht: Paul Zieglowski

   Mit Pferd und Wagen auf der Flucht

In dem kleinen Ort **Zissau**, etwa 25 km westlich von **Danzig-Oliva,** konnte sich der Rest unserer Familie, die Eltern Andreas und Martha mit 8 Kindern im Alter von 1 ½ bis 16 Jahren – ich war 11 Jahre alt – von den bisherigen Strapazen etwas erholen. Der Flüchtlingstreck in Richtung Western ging nicht mehr weiter, denn die Rote Armee war dort bereits durchgebrochen und hatte den Weg abgeschnitten. Nun waren wir eingekesselt und es gab nur noch ein Entkommen über die Ostsee. Dies war das zweite Mal, dass wir eingeschlossen waren. Das erste Mal in Heiligenbeil und jetzt im Korridor. In Heiligenbeil bestand nur noch die einzige Möglichkeit, über das zugefrorene „Frische Haff" der Roten Armee zu entkommen.

Wir verweilten mit unseren Verwandten, der Familie Karl Greisner, mit ihren 12 und 17 jährigen Söhnen gut zwei Wochen in einem ehemaligen Kindergarten, der mit Flüchtlingen überfüllt war. Über diese Herberge waren wir sehr glücklich, denn es war die beste der bisherigen Flucht. Eine Versorgung mit Lebensmitteln oder Futter für unsere Pferde gab es von öffentlicher Seite nicht. Gezwungenermaßen mussten wir also selbst für unsere Verpflegung sorgen. Kartoffeln wurden irgendwo aus einem Keller genommen und Fleischreste waren noch auf unserem Wagen. Futter für die Pferde besorgten wir aus den umliegenden Scheunen und Rübenmieten. Es blieb nicht aus, dass Erkältungen, Magen- und Darmepidemien ausbrachen. Bruno Greisner, der mit mir immer nachts unsere beiden hochbepackten Wagen bewachte, erkrankte plötzlich so stark, dass in wenigen Tagen der Tod eintrat. Nun hatten wir in dem ohnehin weit überfüllten Zimmer neben den Kranken auch noch einen Toten. Jedoch am nächsten Tag hatte uns ein junger, hilfsbereiter Soldat auf einem nahegelegenen Friedhof ein Grab besorgt. Der tote Junge wurde in eine noch vorhandene Decke gehüllt und auf einen unsere geräumigen Flüchtlingswagen gebettet. Kaum an der Grabstätte angekommen, begann starker Artilleriebeschuss, sodass wir die Leiche im Stich lassen mussten, um selbst in Deckung zu gehen. Erst nach mehreren Ansätzen gelang uns dann doch noch die Bestattung.

Nun rückte die Rote Armee von Danzig nach Westen weiter. Es war etwa der 21. März 1945, als wir unser Quartier aufgeben mussten. Die Pferde, die in einem entfernten Stall untergebracht waren,

wurden schnell angespannt. Nach Weisung des Militärs sollten wir in Richtung Oxköft-Ostsee fahren, um dort verschifft zu werden. Dieses war die einzige Möglichkeit, noch aus dem Kessel zu entkommen und nicht den Russen in die Hände zu fallen. Otto Greisner, sowie mein Bruder Andreas, beide 17 Jahre alt, wurden hier durch die Feldgendarmerie zum Militär eingezogen.
Der noch verbleibende Familienrest begab sich weisungsgemäß Richtung Oxhöft. Bilder des Grauens sahen wir unterwegs durch Fliegerangriffe. Kaum hatten wir abends in **Oxhöft** die Pferde ausgespannt, gab es Großalarm, und eine starke Bombardierung setzte ein. In einem nahegelegenen Keller versuchten wir uns in Sicherheit zu bringen. Das Bombardement erstreckte sich so heftig durch die ganze Nacht, dass an ein Überleben kaum zu denken war. Aus Angst und im Vertrauen auf Gott beteten wir alle um Beschützung. Als es nun am Morgen ruhiger geworden war, versuchten die Menschen, die Keller zu verlassen, um nach ihrer Habe Ausschau zu halten. Ein erschütterndes Bild stand vor unseren Augen. Nicht nur die Ortschaft, sondern auch der Hafen war völlig zerstört. Um die vielen Toten von den Straßen zu bekommen, stapelte man sie zunächst in den noch vorhandenen Hafenbaracken.
Hier war nun für uns keine Bleibe, aber auch keine Verschiffung möglich. So wurden wir dann einige Kilometer weiter nach **Hexengrund** geschickt. Wie sollten wir aber dahin kommen? Zum Glück entdeckten wir unseren zwar ziemlich zerstörten Flüchtlingswagen und nach etwas Umsicht waren dann auch plötzlich die Pferde wieder da. Es war, als hätten sie verspürt, in welcher Notlage wir waren. In

Hexengrund mussten wir uns nun bis auf das Handgepäck, das Mutter in aller Eile für jeden zurechtgemacht hatte, von unserer Habe und den Pferden trennen. Die Tiere spannten wir aus und ließen sie einfach laufen. Eine andere Möglichkeit gab es nicht.

Unter Lebensgefahr auf See

Die Einschiffung sollte so schnell wie möglich passieren. Kleine Boote legten an einem Steg an, die die Flüchtlinge zu größeren Schiffen, welche in der Ostsee vor Anker lagen, bringen sollten. Unsere Familie bestand noch aus zehn Personen, den Eltern und acht Kindern. Auf einem Boot konnten ca. 25 Personen befördert werden. Da alles sehr schnell gehen musste, blieb nicht viel Zeit, nachzuprüfen, ab jeder sein Gepäck hatte und ob wir alle zusammen auf ein Boot durften. Vater, mein Bruder Kurt und ich brachten Mutter und die anderen jüngeren Geschwister mit einem Teil des Gepäcks an Bord. Während wir noch einmal schnell zum Kai zurückliefen, um den Rest des Gepäcks zu holen, war das Boot voll besetzt und legte ab. Nachrufen, dass wir doch zur Familie gehören, war zwecklos, weil dies niemand berücksichtigte. Besatzungsmitglieder anderer Boote beruhigten uns damit, dass alle Boote an dasselbe Schiff fahren und wir uns dort wieder zusammenfinden würden. Es war aber nicht so. Auf dem zweiten Boote befanden sich die Familie Greisner und ich. Erst mit dem dritten Boote konnten Vater und Kurt mitkommen. Die jüngsten Geschwister Heinz, 1 ½ Jahre alt und Gerhard, ungefähr drei Jahre alt, waren inzwischen erkrankt und hatten hohes Fieber.

Die Boote sollten Kurs auf Hela nehmen, kamen aber nicht ganz bis dahin, denn am Himmel tauchte plötzlich ein großes Geschwader feindlicher Flugzeuge auf, die alles auf der See sichtbare bombardierten und beschossen. Welche Angst und Panik da entstand, dann man sich kaum vorstellen. Ich glaube, da hatte schon jeder von uns mit dem Leben abgeschlossen.
Unser kleines Boot war mit einem FLAK-Geschütz ausgerüstet und verteidigte sich damit so stark es nur konnte. Augenscheinlich erhielten einige andere Schiffe schwere Treffer. Auch ein Rot-Kreuz-Schiff, voll beladen mit Schwerverletzten, die sogar zu dieser Jahreszeit auf Tragbahren an Deck lagen, erhielt mehrere Treffer. Die See wurde auch sofort von den Kriegsschiffen vernebelt, damit ein weiteres Beobachten vom Feind und von uns nicht mehr möglich war. Ob bei diesem Angriff das eine oder andere Bott unterging, wurde uns offiziell nicht bekannt gegeben. Soweit die Funkgeräte intakt waren, konnten wir verfolgen, dass Funksprüche an die umliegenden Schiffe gesendet wurden, um nachzuhören, ob noch irgendein Schiff uns aufnehmen könnte. Erst gegen Abend legte dann unser Bott an ein etwas größeres Schiff an, das aber nur noch etwa zehn Personen aufnehmen konnte. Per Zufall entdeckte ich auf dem Gangboard meine Schwester Herta, der ich sofort zurief. Nachdem ich die Schiffsbesatzung darum gebeten hatte, durfte ich dann als elfte Person auch noch auf dieses Schiff übersetzen. Unser kleines Boot fuhr anschließend sofort zurück, um die restlichen Flüchtlinge, unter denen sich ja noch unsere Angehörigen befanden, auf einem anderen Schiff unterzubringen. Ich war zum Glück mit Mutter und den kleinen

Geschwistern wieder zusammen. Von dem dritten Bott, das Vater und Kurt beförderte, sahen und hörten wir nichts mehr. „Wo werden sie nur sein? Werden wir sie noch einmal wiedersehen?" Das waren die Fragen, die uns ständig beschäftigten.
Erst im Schutz der Dunkelheit wurden dann die Anker gelichtet. An Bord befanden sich nach Aussagen der Besatzung ca. 300 Flüchtlinge. Es war ein Mienensuchboot, ein relativ kleines Schiff und sehr überfüllt. Am Bug, in einer kleinen Kajüte wurden wir untergebracht. Hierbei nahm die Besatzung Rücksicht auf unsere kleinen Kranken. Die Nacht verging, und wir fühlten uns einigermaßen in Sicherheit. Wohin die Reise gehen sollte, konnte uns niemand an Bord sagen. Der Kurs war zunächst Richtung Westen. Am nächsten Tag beobachteten wir, dass unserem Schiff ein ganzer Geleitzug größerer Schiffe folgte und erkannten, dass unser Boot ein Mienensuchboot war. Wir spürten alle die Gefahr, in der wir uns befanden. Am zweiten Abend stoppte plötzlich unser Schiff. Wir sahen die Matrosen in höchster Alarmbereitschaft. Die Leute wurden sehr unruhig. „Es handelt sich nur um eine routinemäßige Übung", so sagten die Offiziere. In Wirklichkeit befand sich in unmittelbarer Nähe ein russisches U-Boot, und die Besatzung wartete das Verhalten des feindlichen Schiffes ab. Nur aus Rücksicht auf die vielen Menschen, die sich auf den Schiffen des Geleitzuges befanden, griff unser Mienensucher nicht an. So war es später an den Aussagen der Matrosen zu erkennen. Es war schon erstaunlich, mit welcher Disziplin und mit wie viel Geschick die Besatzung die verängstigten Leute beruhigte. Die Überfahrt dauerte insgesamt drei Tage und drei Nächte. Die

Verpflegung war noch einigermaßen. Es gab jeden Mittag warmes, reichhaltiges Essen, morgens und abends ein warmes Getränk. Brot war keines vorhanden.

Das Lagerleben beginnt

Gegen Abend des dritten Tages, es war der Samstag vor Ostern, traf unser Schiff im Hafen von **Kopenhagen** ein. Kurz nach dem Anlegen verließen alle Flüchtlinge das Schiff. Man sah überwiegend Frauen mit Kindern und wenige ältere Männer.

Draußen am Kai verbrachten wir dann mit meinen zwei kranken Geschwistern mehrere Stunden ohne Decken und Verpflegung, bis uns endlich zwei LKWs zum Bahnhof brachten. Vergeblich hielten wir nach Vater und Kurt Ausschau. Am Morgen des Ostersonntages trafen wir dann mit einem Sonderzug in **Slagelse,** westlich von Kopenhagen ein. In Begleitung von deutschen Soldaten zogen wir weiter in eine SS-Kaserne, in der wir in einem sogenannten „Flüchtlingsblock" untergebracht wurden. Die Versorgung war sehr schlecht. Zum Essen gab es entweder dünnes Dörrgemüse oder die, auch bei den Soldaten unbeliebte Wehrmachtssuppe. Wir vermissten besonders eine ärztliche oder medizinische Betreuung meiner inzwischen schwer erkrankten Geschwister. Eine starke Lungenentzündung mit hohem Fieber führte dann innerhalb einer Woche zu ihrem Tod. Der Schmerz war groß, und eine weitere Wunde riss in unsere Familie. In diesen Tagen starben sehr viele kleine Kinder, sodass sie manchmal zu fünft in einem Sarg bestattet wurden. Später war eine Beerdigung nur noch in Papiersäcken möglich.

Nach etwa drei Wochen wechselte das Militär. Die SS zog ab und die Wehrmacht richtete sich ein. Schon nach kurzer Zeit spürten wir eine Wende. Es wurde sich nun viel mehr um uns Flüchtlinge gekümmert. In jeder Woche erhielten wir pro Person ca. 10 Dänische Kronen. Außerdem wurden Ausgehscheine für zweimal zwei Stunden in der Woche ausgehändigt. Doch dieser verbesserte Zustand dauerte nur bis zur Kapitulation am 8. Mai 1945.Sofort danach durften wir die Kaserne nicht mehr verlassen und das Taschengeld wurde gesperrt. Dann wurden wir alle in eine Schule am Stadtrand verlegt, an der die Hauptstraße von Slagelse nach Kopenhagen vorbeiführt. In dieser Schule wurden 300 Personen untergebracht, die zu je 30 in die einzelnen Klassenräume verteilt wurden. In jedem Raum befand sich ein Tisch und als Sitz- und Schlafgelegenheit diente ein Strohlager. Dänische Polizisten und Freiheitskämpfer bewachten uns. Das deutsche Militär, das zu dieser Zeit in Dänemark noch stark vertreten war, rückte Tag und Nacht an unserem Lager vorbei, um zur Schiffsverladung nach Korsør zu gelangen. Anfangs erlaubte uns die Bewachung, mit den vorbeiziehenden Soldaten zu sprechen oder Kleidungsstücke von ihnen in Empfang zu nehmen. Dieses wurde uns aber später strengstens verboten, und bei einer Widersetzung bedrohte man uns sogar mit der Waffe.
Eine Küche oder irgendeine Kochgelegenheit war in dieser Schule nicht vorhanden. Versorgt wurden wir von einer anderen, größeren Schule, die ebenso als Lager diente. Doch das Essen war schlecht und meistens viel zu wenig. Jetzt hatten wir die schwierigsten Zeiten in unserem Lagerleben zu überstehen. Mittags gab es nur eine dünne, fettarme

und natürlich fleischlose Suppe. Als zweite Tagesration brachte man uns ein kleines Stück Brot, dazu ein paar Gramm Margarine und ein bisschen Marmelade. Zum Sattwerden waren diese Rationen nicht ausreichend. Das Essen wurde meistens unter Bewachung von älteren Männern mit Kübeln zu uns getragen. Zum Glück konnten wir Jungen die leeren Kübel wieder zur Küche zurücktragen, denn dann bestand manchmal die Möglichkeit, einzelne Kochkessel auszukratzen. Manchmal hatte uns die Köchin auch einige Überreste zurückgelegt, die wir sofort verschlangen. Zudem war dies für uns die einzige Möglichkeit, das Lager zu verlassen.
Da unsere Schule an der Hauptstraße lag, gingen ständig Dänen an unserem Lager vorbei. Doch diesen Leuten war es strengstens verboten, mit uns zu sprechen. Im Allgemeinen war aber der dänische Hass auf uns Deutsche sehr groß, was zum Teil durch die Medien zu erklären war. Es war nicht selten, dass man uns mit Zurufen beschimpfte, wie: „You tyske Naziswine!", „You Naziboy!", „You Swinegel!" So etwas kränkte uns zwar sehr, doch wir mussten es ohne Widerworte hinnehmen. Hier haben wir zum ersten Mal erfahren, welches Unheil auch die Deutschen angerichtet hatten. Man sprach von Konzentrationslagern, und mit großen Plakaten wies man uns darauf hin, wie unschuldige Menschen in den Tod getrieben worden sind. Doch dieser Hass gegen uns hatte sich nach ein paar Wochen gelegt, und es kam der Zeitpunkt, an dem wir von den Einwohnern bemitleidet wurden. Nicht selten geschah es, wenn kein Bewachungsposten zu sehen war, dass wir uns mit den Dänen während der Nacht am Zaun trafen, um Lebensmittel von ihnen entgegenzunehmen.

Arbeit, eine Schulbildung für uns Kinder oder irgendeine Beschäftigung gab es leider nicht. Einem katholischen Militärpfarrer, der einmal in der Woche die Heilige Messe feierte, war es manchmal erlaubt, sich zwei Stunden mit uns Kindern zu beschäftigen. Nach ein paar Wochen wurde er von einem Musiklehrer abgelöst. Wir hatten zwar seitdem regelmäßig zwei Stunden in der Woche Unterricht, doch Fächer wie Deutsch, Mathematik, usw. wären für uns wesentlich wichtiger gewesen als Musik, doch etwas anderes konnte er nicht lehren. Dieser miserable Zustand blieb bis zur Lagerauflösung im September 1945.

Weiter nach Skelskør

Nun verlegte man uns nach **Skelskør** in ein altes Sommerausflugslokal, mitten in einem Laubwald. In einem einzigen großen Saal wurden wir mit ca. 280 Männern, Frauen und Kindern untergebracht. Hier hatten wir zum ersten Mal mit starken Infektionen zu kämpfen. Außerdem war fast jeder von uns an allen Körperstellen von Läusen und Flöhen befallen. Nur durch eine große Impfaktion konnten wir vor weiteren Krankheiten geschützt werden. Doch im Verhältnis zum Lager in Slagelse wurden unsere Lebensumstände allmählich verbessert. Hier hatten wir eine eigene Feldküche, in der mittags gekocht und abends sogar einfacher Tee zubereitet werden konnte. Die einzelnen Portionen waren zwar anfangs noch klein, aber im Laufe der Zeit verbesserte sich auch dieser Zustand. Trotz der Abgeschiedenheit fühlten wir uns in diesem Lager wohler, als zuvor, denn neben der verbesserten Lebensmittel-versorgung waren wir nicht so stark eingeengt. Zudem hatten wir in dem dänischen Lagerleiter,

Herrn Sørensen, eine Bezugsperson, der der deutsche Lagerleiter, Herr Guske, unterstellt war. Dieser Mann hatte neben seinen Pflichten auch menschliche Gefühle gezeigt, indem er für uns Flüchtlinge eine wöchentliche Sprechstunde einrichtete und auch für ärztliche Betreuung sorgte. Eine militärische Bewachung blieb jedoch nicht aus. Erst war es die mit Gewehren und Pistolen ausgerüstete Hilfspolizei und später, als Dänemark wieder militarisiert wurde, das Militär, das mit Maschinenpistolen ausgerüstet war. Obwohl wir Kinder manchmal aus dem Lager ausgebrochen waren, um an einem nahegelegenen Waldsee zu spielen, oder Holz zu hacken, kam es zu keinen Schießereien.

Die stationär zu behandelten Kranken verlegte man in das dänische Krankenhaus nach Skelskør. Angehörigen war es sogar erlaubt, einmal wöchentlich ohne Bewachung für mehrere Stunden die Kranken zu besuchen. Nach kurzer Zeit wurde auch für jeden Sonntag ein Gottesdienst eingerichtet, und weil die meisten von uns Katholiken waren, wurde die Messe von einem katholischen Pfarrer gehalten.Nur die Schulbildung kam auch hier zu kurz. Herr Petereit, früher Prokurist in einer größeren ostpreußischen Firma, erteilte uns später in einem kleinen Raum ohne jedes Lehrbuch etwas Unterricht. Ansonsten herrschte sowohl bei uns Kindern als auch bei den Erwachsenen große Langeweile. Viel zu gerne wären wir alle zu den Dänen arbeiten gegangen, aber das war uns strengstens verboten.

Endlich hörten wir auch davon, dass das dänische Rote Kreuz einen Suchdienst eingerichtet hatte. Jetzt fanden wir unseren Vater wieder. Ihn und auch Kurt hatte es nach Kopenhagen verschlagen. Unserem

Vater wurde es dann nach einigen Wochen ermöglicht, mit einem Zug nach Skelskør zu fahren, um zur Familie zurückzukehren. Leider kam er ohne unseren Bruder. Kurt, der anfangs mit Vater zusammen in einem Lager war, wurde noch kurz von Kriegsende zur O.T. eingezogen und nach Arhus, auf Jütland stationiert. (Die „Organisation Todt" wurde als Bauorganisation für militärische Anlagen geschaffen und geht auf Hitlers Auftrag an Fritz Todt zurück).

Weiter nach Aalborg

Anfang Mai lösten die Dänen auch dieses Lager in Skelskør auf. Man verlegte uns nach **Aalborg, ebenfalls auf Jütland gelegen**. Hier hatte man auf einem ehemaligen Militärflughafen eine Barackenstadt errichtet, in der ca. 13 000 Flüchtlinge, wieder in einzelnen Räumen zu je 18 Personen, untergebracht waren. Dieses Lager hatte einen Umfang von etwa 3 Kilometern und war von einem doppelten, 2 m hohen Stacheldrahtzaun umgeben. Zur Bewachung diente dänisches, mit MPIs bewaffnetes Militär. Trotz dieser hohen Sicherheitsmaßnahmen hat es wiederholt Ausbruchsversuche gegeben, die aber teilweise mit starken Verletzungen endeten. Es gab aber auch Fälle, wo jüngere Leute, von den Wachen unbemerkt entkamen und dann in Geschäften einbrachen. Doch diese wurden alle festgenommen und erhielten hohe Freiheitsstrafen.Die gesamte Verpflegung war in diesem Lager einigermaßen geregelt. Das Essen war zwar nicht geschmackvoll, jedoch konnte man davon einigermaßen leben, was sich auch in der rückläufigen Sterbequote bemerkbar machte.

Allein durch die Größe des Lagers gab es schon mehr Abwechslung. Einige Flüchtlinge, meistens die älteren, fanden Arbeit, die sich mit besserer Verpflegung bezahlt machte. Ein von dem deutschen Militär eingerichteter Sportplatz und ein Kinosaal standen uns zur Verfügung. Somit konnten wir eine Fußball- und Handballmannschaft gründen und eine zurückgebliebene Militärkapelle sorgte für einige frohe Stunden. Den Kinosaal verwendeten wir am Wochenende als Kirche. Da die meisten von uns katholische Ermländer und Danziger waren, durften wir auch die ermländischen Gesänge beibehalten. Zu diesen Gottesdiensten kamen sehr viele Leute zusammen, so dass wir durch Zufall auch andere Kaschauner aus unserem Dorf trafen, wie z. B. die Familien Ehlert und Hennig. Dies erweckte in uns natürlich eine große Freude. Durch besondere Bemühungen des Pfarrers konnte der Bischof von Kopenhagen sogar die Firmung spenden. Eine der Firmlinge war damals meine Schwester Josepha.
Einige Monate später kam auch unser Bruder Kurt von Arhus zu uns nach Aalborg. Nach rund 1 ½ Jahren hatte sich unsere Familie bis auf Franz, Andreas und Hans endlich wieder zusammen gefunden. „Wo waren aber diese drei geblieben?", dies war die Frage, die uns ständig beschäftigte. Durch fortlaufendes Suchen des dänischen Roten Kreuzes fanden wir heraus, dass Andreas bei Kassel leben sollte und Hans wahrscheinlich noch in Kaschaunen zurückgeblieben sei. Von Franz wussten wir, dass er 1944 als 16 jähriger eingezogen worden ist. Was danach mit ihm passiert war, konnte uns niemand sagen. Mittlerweile wurde das Lagerleben trotz Verbesserungen unerträglich. Ständig plagte uns der Gedanke, wieder nach Hause

zurückkehren zu wollen. Im Januar 1947 war es dann endlich soweit. Flüchtlinge, die Verwandte oder Bekannte in der französischen Zone hatten, konnten sich melden. Da mein Vater einen Bruder hatte, der in Leutesdorf a.Rh. wohnte, meldeten auch wir uns, und kurze Zeit später erhielten wir schon unsere Entlassung.

Entlassung nach fast 2 Jahren

Anfang August führte uns ein Eisenbahntransport zum Durchgangslager **„Kolding"**. Hier warteten wir ungefähr eine Woche, bis Kontrollen und Registrierungen erledigt waren. Die von den Dänen und Schweden gespendeten Gegenstände wie Eimer, Kanne u. ä mussten wir alle abliefern. Unser aufgegebenes Reiseziel war Offenburg. Von Kolding verlief dann der erste Reiseabschnitt nach Flensburg, wo wir seit langer Zeit wieder warmes Essen auf deutschem Boden bekamen. Etwa drei Tage lang fuhren wir bei klirrender Kälte in einem Zugabteil mit defekter Heizung. Endlich kamen wir in **Offenburg** an. Ein paar Tage später beförderte man uns in das **Entlassungslager Bad Breisig**. Erst hier wurden wir endgültig entlassen.Die erste Unterkunft fanden wir bei unserem Onkel in **Leutesdorf.a. Rh**. Doch dies konnte kein Dauerzustand bleiben. Vater bemühte sich inzwischen, eine Arbeitsstelle und eine Wohnung zu finden. Er hatte Glück. So gelangten wir dann Ende Februar, Anfang März nach **Block-Heimbach**. Wir wohnten in einer etwas größeren Werkswohnung. Vater, später auch meine älteren Brüder fanden Arbeit in einem angrenzenden Bimsbaustoffwerk. Ich besuchte von März 1947 bis Juni 1948 die Volksschule.

Unsere Familie fand sich im Sommer 1947 fast vollständig wieder zusammen. Andreas kam aus Kassel und Hans aus Kaschaunen zu uns. Nur Franz blieb immer noch vermisst. Erst im März 1953 erreichte uns die Nachricht vom deutschen Roten Kreuz, dass Franz als Soldat auf dem Berliner Bahnhof Treptow verstorben sei. Er war also unser drittes Opfer des Krieges nachdem die jüngsten zwei Geschwister in Dänemark im Lager verstorben waren.

Ein neuer erfolgreicher Anfang

Im Februar 1950 verstarb auch unser Vater schon im Alter von 62 Jahren. Von da an begann für uns alle ein weiterer neuer Lebensabschnitt. Wir älteren Brüder setzten uns ganz neue Ziele. Zuerst wollten wir unsere dürftige Schulbildung nachholen. Dazu belegten wir ständig Abendkurse. Im Alter zwischen 18 und 24 Jahren stand uns unsere schwierigste Aufgabe bevor: die Selbständigkeit. Unsere Mutter hat uns immer mit allen Kräften unterstützt, ebenso unsere Schwester Josepha. Aus dem Nichts bauten wir mit schwerster Arbeit eine Firma auf, die auch heute im weiteren Kreise ihr Ansehen findet. Unsere Firma besteht z. Z. aus mehreren Produktionsanlagen, Filialen, umfangreichem Bimsgrubenbetrieb und Rheinschiffen. Als Mitinhaber und tätiger Geschäftsführer bin ich heute sehr zufrieden. Unsere Ziele ändern sich noch von Tag zu Tag und wir scheuen weiterhin nicht das Risiko einer ständigen Vergrößerung!

Paul Zieglowski

Gespräch

zw. P. Zieglowski u. R. Bergmann:

Wie denkst Du heute, nach 68 Jahren über die Flüchtlingslager in Dänemark?

Zieglowski: Wenn ich das jetzt im Nachhinein beurteilen soll, dann sehe ich es ganz anders. Wenn ich bedenke, wie es den Deutschen unter den Russen ergangen ist, dann kann man den Dänen noch sehr dankbar sein. Wir waren doch noch glimpflich untergebracht.

Aber es wird berichtet, dass es auch große Unterschiede gab.

Zieglowski: Allerdings, gleich nach dem Zusammenbruch, da ging es uns schlecht. Aber das muss man auch verstehen. Die Dänen hatten ja zu der Zeit noch gar keine richtige Regierung wieder. Außerdem gab es auch in Dänemark Nationalsozialisten. Es gab verschiedene Meinungen in der Politik. Das war schon so, als die Deutschen das Land besetzten und die Dänen sich klugerweise ergeben haben.

Bist du persönlich mit Dänen in Kontakt gekommen?

Zieglowski: Ja, viel später einmal, während einer Urlaubsreise, habe ich mich einmal mit Dänen darüber unterhalten können. Sie haben mich gefragt, wie ich ihr Land damals erlebt hätte. Ich habe geantwortet: „Wie soll man ein Land schon erleben, wenn man hinter Stacheldraht sitzt, eingesperrt. Wir haben deutlich gemerkt, dass die Dänen die

Deutschen hassen. Allerdings gab es später das junge Militär. Diese Soldaten mussten zwischen den Stacheldrahtzäumen Streife laufen und Posten stehen. Von denen kamen keine Bosheiten. Im Gegenteil, oft kamen von der Bevölkerung z. B. Leute mit Karren voll Äpfeln. Dann haben sich die Posten in der Regel einfach abgewandt nach dem Motto: Was ich nicht sehe, das brauche ich auch nicht zu verhindern.

Wie kann es sein, dass sich dieses Flüchtlings-Elend immer wiederholt, dass es in dieser Zeit auch so viele Flüchtlinge weltweit gibt?

Zieglowski: Ja, es hat doch zu jeder Zeit Flüchtlinge und Verfolgte gegeben. Es hat auch zu jeder Zeit Unterschiede zwischen Menschen gegeben. Und der, der Hunger hat, der sieht immer wieder zu, dass er irgendwo etwas bekommen kann.

Haben wir nicht zu helfen? Helfen wir zu wenig, weil wir abgestumpft sind?

Zieglowski: Es stimmt schon, dass wir jemanden, der Hunger hat, auch von unserem Brot abgeben sollen. Aber das kann nur die „Erste Hilfe" sein. Dann hat man zu überlegen und nach den Wurzeln des Übels zu fragen. Meistens sind die Regierungen dieser armen Menschen so korrupt, dass es immer wieder Arme gibt.

Ich meine, der reiche Westen ist auch mit Schuld, weil wir schon lange, die für uns so wichtigen Rohstoffe ausbeuten. Ich bin in Ruanda gewesen und sehe, dass der Nachbarstaat Kongo durch sein Koltan Wohlstand für alle haben könnte, wenn es nicht den illegalen Handel und die Korruption mit den westlichen Ländern gäbe.

Zieglowski: Ja, das ist auch wahr. Und eine große Rolle spielt außerdem die große Kinderzahl, ich meine die Überbevölkerung. Ich weiß natürlich, dass dies in anderen Regionen und von anderen Religionen anders gesehen wird. Da sagt man: „Gott will es so!" Aber wer weiß, was Gottes Wille ist? Auch in unseren Kirchen gab es viel Streit wegen der Familienplanung.

-.-.-.-

Bericht: Edeltraut Kowald

Was wir vorher erlebten

Ich war 13 Jahre alt, als unsere Mutter mit mir und meinen zwei Brüdern auf die Flucht ging. Meine 17 jährige Schwester lebte zu der Zeit bei unseren Großeltern in Kreis Wehlau und ist mit ihnen zusammen auf einem anderen Weg geflüchtet. Erst 1964 haben wir uns alle über das Rote Kreuz wieder gefunden.

Wir lebten im **Ort Arnau, Kreis Königsberg**. Am 26. Januar 1945 rieten uns die deutschen Soldaten zum eiligen Aufbruch. Unsere Tante aus Insterburg war bereits mit ihren drei Töchtern geflüchtet und bei uns untergekommen. Sie war hoch schwanger. Diesem Umstand verdankten wir es, dass uns die Soldaten erlaubten mit in einen überfüllten Lazarett-Bus zu steigen, der uns nach **Königsberg** brachte. Wir standen dichtgedrängt hinten im Wagen. Tiefflieger beschossen uns unterwegs, unser Bus kippte um. Es war schrecklich! Als wir Königsberg erreicht hatten, mussten wir in den Luftschutzkeller am Hauptbahnhof.

Die ganze Stadt war in größter Gefahr. Wir waren froh, als wir mit einem Zug weiter nach **Pillau** fahren konnten. Manchmal hielt der Zug auf offener Strecke. Einmal ist unsere Mutter ausgestiegen, um in einer nahen Molkerei Essen für uns zu besorgen. Plötzlich hörten wir lautes Männergeschrei: „Uree", „Uree"! Das war das Siegesgeschrei russischer Soldaten. Mutter erreichte gerade noch den Zug. Der Zugführer rettete uns alle, weil er sofort durch die Angreifenden hindurchfuhr. So kamen wir nach Pillau und wurden mit einer großen Menschenmenge in einer Halle untergebracht. Die Weiterfahrt gelang uns wieder nur, weil wir die schwangere Tante bei uns hatten. Wir durften auf einen vollbeladenen Eisbrecher. Überall lagen verwundete Soldaten und dazwischen Flüchtlinge. Viele konnten den Seegang nicht ertragen und wurden seekrank. Es war schwer auszuhalten. Aber wir kamen schließlich sicher nach **Gotenhafen.**

Wieder wurden wir gesammelt in einer Turnhalle. Wir bekamen sogar Essen von den Soldaten. Alles war noch einigermaßen organisiert und diszipliniert. Dann hörten wir, dass die „Wilhelm Gustloff" gesunken sei, mit 9.000 Flüchtlingen und Soldaten an Bord. Da verbreitete sich panische Angst unter allen. Ich erinnere mich genau, dass unsere Mutter nachts nicht schlafen konnte und hin und her gelaufen ist. Sie wusste sich nicht zu entscheiden. „Wenn wir hier bleiben, fallen ich mit meinen Kindern den Russen in die Hände. Wenn wir auf das Schiff gehen, dann werden wir entweder ertrinken in dem eisigen Wasser oder wir haben noch einmal Glück." Wir Kinder spürten die

Todesangst unserer Mutter. Nie zuvor hatten wir sie so erlebt. Mutter ist dann schließlich mit uns auf das Schiff gegangen. Es war die „Deutschland", ein ehemaliger Vergnügungsdampfer. Nun erinnerten nur noch die großen Säle daran. Überall, wo man hinguckte lagen Verwundete. Meine Tante durfte in eine Kabine. Wir mussten hinunter auf das Kohlendeck. Wir fanden kaum einen Platz. Mein kleiner Bruder wurde mit Decken in ein Bullauge gebettet. Ja, Decken gab man uns in dieser eisigen Kälte, aber sie waren verlaust und die Strohsäcke verwanzt. Wir wurden auch mit Essen versorgt, Graupensuppe, aber immerhin etwas Warmes. Voller Angst hörten wir in Abständen die Flieger kommen und wurden beschossen. In **Sassnitz,** auf der Insel Rügen wurden wir alle ausgebootet. Man wusste nicht warum und wohin, man konnte sich nur in der Menge treiben lassen. So haben wir in dem Gedränge unsere Tante aus den Augen verloren.
Nachts ging es weiter im Zug. Wohin? Wir waren völlig orientierungslos und mussten einfach nur Vertrauen haben. Am 13. Februar erreichte unser Zug **Oksböl in Dänemark**.

Was wir in Oksböl erlebten

Der erste Eindruck war erschreckend: Doppelter Stacheldraht, ein riesiger Truppenübungsplatz, ungezählte Baracken, eine wie die andere, dazwischen lange Straßen. Wieder ging der Einzelne in der Menge unter. Wir hielten uns an den Händen, um ja nicht getrennt zu werden. Man wies uns eine Baracke an und zeigte uns einen Raum, in dem wir zu 16 Personen in Zukunft leben sollten. Was blieb uns da übrig? Wir haben uns vertragen. Eine Baracke war in mehreren solcher Räume eingeteilt

und in der Mitte war ein Gang. Zum Heizen hatten wir im Zimmer einen Kanonenofen. Ganz hinten war ein gemeinsamer Waschraum. Natürlich war das Wasser kalt. Es war sehr unangenehm und erniedrigend, dass wir alle uns die Zeit vorher so wenig waschen konnten. Die meisten hatten Kopfläuse und Kleiderläuse. Also wurden wir zur Entlausung aufgefordert. Dazu war am Eingang des Lagers eigens ein Zugabteil aufgestellt. Man ging schubweise an der einen Seite hinein und musste sich – mit allen anderen – ganz nackt ausziehen. O, das war besonders für unsere schamhafte Mutter eine furchtbare Sache. Der Mann, der die Aktion durchführte, beruhigte sie, indem er sagte: „Ich denke mir nichts dabei. Ich habe selber eine Frau." Unsere Kleider wurden in einem anderen Raum durchgenebelt und entlaust. Trotzdem waren in den Wänden die ekligen Wanzen. Man sah sie nicht, aber sobald es dunkel wurde, kamen sie knistern heraus und fielen über uns her. Sie zerbissen uns alle. Wenn wir sie erwischten und töteten, dann stanken sie wie die Pest.
Es war überall bitterkalt. Der Wind heulte immer von der nahen See. Man hat uns zum Schlafen Strohsäcke auf die Etagenbetten gepackt und zum Zudecken hatten wir die Decken der Soldaten. Alles war unsauber und verlaust. Doch wer konnte etwas anderes erwarten unter den Umständen? Wer sich noch mit dem eigenen warmen Mantel zudecken konnte, war gut dran.
Immer wieder hörten wir das Heulen der englischen und amerikanischen Flugzeuggeschwader, wenn sie über Dänemark flogen, um in Deutschland ihre tödlichen Bomben abzuwerfen. Werden sie Deutschland ganz zerstören? In unsere Heimat

werden wir nicht mehr zurückkönnen. Wo sollen wir bleiben?
Als wir dann die Nachricht hörten, der Krieg sei zu ende, am 8. Mai 1945, da konnten wir es erst gar nicht glauben. Was hatte man uns nicht alles versprochen? Was hatte man uns jahrelang eingeredet? Was war nun aus unserem angeblich großen Führer geworden?

Eine große Sorge war die Ungewissheit darüber, was mit unserem Vater war. Sobald es ging haben wir Briefe an seine letzte Adresse gesandt. Erst ganz viel später erfuhren wir, dass meine Schwester auch immer wieder unverdrossen an meinen Vater per Feldpost geschrieben hatte. Und tatsächlich haben die meisten dieser Briefe meinen Vater in Russland irgendwann erreicht. Man kann sich das gar nicht vorstellen, wenn man die Kriegswirren bedenkt. Zwar war es so, dass er nicht nach und nach seine Briefe bekam, sondern erst sehr spät, alle Briefe zusammen. Immerhin konnte er sich jetzt ein Bild machen. Er wusste nun, dass wir lebten und wo wir im Lager waren und dass meine Schwester und die Großeltern mit einem großen Treck nach Roydorf bei Winsen/Luhe gelandet waren.

Unser 15 jähriger Bruder hat sich auf der Flucht und in der Lagerzeit vorbildlich entwickelt. Weil Vater uns nicht helfen konnte, fühlte er sich verpflichtet. Er hat unseren Kleinen, der nur vier Jahre alt war, den ganzen Fluchtweg „Huckepack" getragen. In Oksböl hat er für uns „organisiert" und Dinge „gefunden", wo sie nicht verloren waren. Mit originellen „Erfindungen" konnte er unsere Lage immer wieder etwas verbessern. Ich denke da besonders an seinen Räucherkasten, mit dem er die eintönige Kost durch geräucherte Flundern wunderbar ergänzt hat. Ich weiß auch noch, dass er günstige Kontakte zu einem freundlichen Dänen geknüpft hat, obwohl so etwas streng verboten war. Doch die beiden verstanden sich sehr gut. Mein Bruder klaute brauchbare Dinge aus dem alten Militärdepot und tauschte sie bei dem Dänen in Essbares um. Die Barackenleitung holte sich allerdings diese großen Jungen auch zu Arbeiten heran. So musste mein Bruder helfen, die vielen toten Babys und die alten Leute einzuwickeln und zu begraben. Er weiß nicht, wie viele Gräber er geschaufelt hat. Noch heute mag er sich nicht an diese bedrückende Arbeit erinnern und er kann nicht darüber reden.

Etwas ganz Gutes war, das man für uns regelmäßig Kinofilme zeigte. Da konnten wir vergessen und entspannen nach allen Strapazen. Ja, es gab sogar wunderbare Theaterstücke in einem großen Saal. Karten dazu bekam man von den Barackenältesten. Genutzt haben das übrigens meistens Frauen, denn die Männer in Oksböl waren alt und gebrechlich. An Sonntagen wurde im Kinosaal auch Gottesdienst gehalten. Ich bin sogar mit vielen anderen Jugendlichen in Oksböl zur Konfirmation gegangen.

Wie es uns weiter erging

Doch nicht nur mein Bruder hatte eine Beschäftigung. Es gab zum Glück in Oksböl auch eine Art Schulbetrieb für alle Altersstufen. Im Einzelnen weiß ich das allerdings nicht mehr. Aber von mir kann ich sagen, dass mir die Schule sehr geholfen hat, die Eintönigkeit und Begrenztheit zu überwinden. Man hatte mir geraten, die Handelsschule zu besuchen. Ja, es gab sogar eine richtige Handelsschule mit mehreren guten Lehrern. Wir wurden gut unterrichtet, z.B. in Handelskunde, Buchführung, Stenographie und sogar in Englisch. Nur Schreibmaschinen hatten wir nicht zum Üben, das war ja klar. Die Lehrer hatten auch keine Schulbücher für uns und auch nicht für die Unterrichtsvorbereitungen. Aber sicherlich hatten sie ein vorbildliches Verantwortungsgefühl für uns junge Menschen. Sie wussten besser als wir, dass die Zeit der Eingliederung und der Berufsfindung auf uns zukam. Sie wussten auch, dass im zertrümmerten Deutschland schon bald geschulte Kräfte gebraucht wurden.

Von Dänemark nach Roydorf bei Winsen/L

Unsere Familie konnte am im November 1946 das Lager Oksböl verlassen. Wir suchten natürlich die Großeltern und meine Schwester in **Roydorf** auf. Hier wurden wir einem Bauern zugewiesen. Selbstverständlich waren wir wieder ungebetene Eindringlinge. Im Nachhinein erinnere ich mich noch außerdem an ziemliche Verständigungsschwierigkeiten, denn das Plattdeutsch hierzulande ließ mich Deutschland als Ausland empfinden. Dagegen machte unsere korrekte etwas harte Aussprache uns hier zur Fremden. Den Lehrern von Oksböl jedoch verdanke ich es, dass ich nach unserer Entlassung schon bald in die ganz normale Handelsschulklasse aufgenommen werden konnte. Selbstbewusst und sicher lernte ich in Hamburg-Harburg weiter, machte mit den anderen meinen Abschluss und bekam eine gute Arbeit bei der

Behörde. So erging es mir sehr viel besser als vielen anderen.

Wie ich heute darüber denke

Rückblickend auf das Lagerleben in Oksböl erinnere ich mich zwar heute auch noch an Stacheldraht, Kälte und an viel Hunger. Wir wussten aber, dass das Rote Kreuz auch die Essensrationen überwachte. Es gab Gesetze, die vorschrieben, wie viele Kalorien jedem zustanden. Natürlich ist auch Essen irgendwie verschwunden, aber richtig verhungert ist doch keiner. Viele Dänen wollten uns sogar helfen. Das war natürlich streng verboten. Aber manche Posten, die zwischen dem doppelten Stacheldraht Streife liefen, verschlossen die Augen nach dem Motto: Was ich nicht sehe, das brauche ich auch nicht verfolgen!

So kamen gelegentlich Leute mit einer ganzen Karre voll Äpfeln und warfen sie uns über den Draht.

Heute verstehe ich auch die Situation der Dänen besser, die doch selber nicht viel hatten. Ich verstehe, dass wir verhasst waren, nach all dem, was unsere Soldaten den anderen Völkern und auch den Dänen angetan hatten. So viel Schreckliches gab es, was wir erst viel später nach und nach erfahren haben und zuerst gar nicht glauben konnten. Es gibt so viel Rache in Kriegszeiten.

Weil wir selber unsere schlimmen Erlebnisse haben, kann ich das heutige Flüchtlingselend so sehr nachfühlen. Es ist in vielen Dingen anders, hat andere Ursachen, aber die einzelnen Menschen selber haben heute bestimmt das gleiche Leid und empfinden genauso wie wir damals.

Ich kann auch sagen, dass sich bei mir eine Situation als das Schlimmste tief eingegraben hat: Das waren die Stunden in der Nacht, als unsere Mutter nicht ein noch aus wusste. „Soll ich mit den Kindern auf das Schiff gehen oder nicht?" Das unsere zuverlässige Mutter so hilflos geworden war, das hat mir damals allen Halt und alle Kraft genommen. Was sollte nun aus uns Kindern werden? Müssen Mütter und Kinder zu allen Zeiten so etwas erleben?

Ich höre, dass man heute den traumatisierten Menschen vielfach mit erfahrenen Psychotherapeuten zu helfen sucht. Ja, das hätte uns auch gut getan. Wir mussten allein fertig werden, haben alles in uns hineingefressen, die schrecklichen Bilder und Erlebnisse. Ich höre auch davon, dass man inzwischen weiß, dass solche unverarbeiteten Dinge unwillkürlich weitergegeben werden an die nächste Generation. Die Menschen dieser Altersgruppe versucht man nun auch zu erreichen um sie zu therapieren. Vielleicht will man auch mit ihnen ins Gespräch kommen und von ihnen etwas lernen für die Zukunft?

Edeltraud Kowald, geb. Habermann

Bericht: Georg David

Lagerleben in Oksböl

Von unserem Heimatort **Schneiderin, Krs. Gerdauen** erreichten wir nach einer sehr strapaziösen und gefährlichen Flucht vom Sonntag, 21. 01. 1945 bis Sonntag, 19. 02. 1945

das Lager Oksböl im Westen von Jütland, in der Nähe von Esbjerg, Dänemark. Die Erlebnisse der Flucht vergisst bis heute niemand: Wir wurden dicht von den Russen verfolgt und mehrmals von Tiefffliegern beschossen. Meine Mutter hatte sich mit uns acht Kindern allein auf diesen schweren Weg machen müssen, denn unser Vater war als Besatzungssoldat in Holland. Er war zu der Zeit 40 Jahre alt und brauchte darum nicht mehr an die Front. Wir waren sechs Jungen und zwei Mädchen. Ich war damals 7 ½ Jahre alt, mein ältester Bruder 10 ½ und das Jüngste war erst ein Jahr alt.

Oksböl war ein ehemaliges Militärlager, das von den Dänen erbaut und dann von den deutschen Soldaten besetzt worden war. Als wir eintrafen, waren noch einige deutsche Soldaten stationiert.

Wir wurden im Block M, Baracke 5 einquartiert. Es gab dort acht größere Räume (ca.35m²) und vier kleinere (ca.12m²). Anfangs bewohnten diese kleineren Zimmer nur Offiziere, später bezogen privilegierte, alte oder schwache Flüchtlinge diese „Luxusräume". Wir mussten unsere Unterkunft mit vier Familien, also insgesamt 17 Personen teilen. Die Baracken hatten einen langen Flur, in deren Mitte an einer Seite ein offener Waschraum war und daneben eine Toilette mit 6 Kabinen. Insgesamt gab es 9 solcher Baracken und eine Großküche. Auch sonst war alles vorhanden, was den Soldaten das Leben so angenehm, wie möglich machen sollte. Dazu gehörten ein Kino mit ca. 900 Plätzen, das Casino, eine Badeanstalt, ein Elektrizitätswerk, eine Wäscherei, eine Gärtnerei, die Pferdeställe und auch ein Krankenhaus. In der Mitte der Anlage befand sich ein großer Exerzierplatz.

Anfangs konnte man kaum zur nächsten Baracke sehen, so dicht war der Baumbestand. Doch die Bäume wurden nach und nach abgeholzt und verheizt. Der Winter 1945 war bitterkalt und von der See kam ständig der scharfe Wind. Bald musste der Exerzierplatz als Torflagerplatz dienen. Leider hatten wir ja keinerlei Werkzeug. Wir fertigten uns darum aus Türscharnieren ganz brauchbare Beile an. Obwohl es streng verboten war, fällten wir heimlich immer wieder Bäume, um Brennmaterial zu haben. Wir sammelten Zischkes und harkten mit den Fingern Kiefernnadeln auf. Viele Stellen im Wald sahen wie geputzt aus. Neben unserem Block entstand auf diese Weise für uns Jungen ein passabler Bolzplatz. Unser Ball bestand aus zusammengenähten Flicken und war mit Gras ausgestopft. Ja, das war ein gutes Spielgerät.
Eine Lagerverwaltung war mit Hilfe der Dänen aufgebaut. Dazu gehörten deutsche Ordnungshüter und jede Baracke wählte einen Barackenältesten, der für Ruhe und Ordnung zu sorgen hatte. Unser Barackenältester hieß Herr Henseleit. Es war ein ca. 30 jähriger Mann mit einer Beinprothese. Er war bei uns allen sehr beliebt. Alle versuchten das Beste aus der allgemeinen Situation zu machen. Kleine Barackenfeste belebten ab und zu den Alltag. Ostpreußische Bräuche wurden so lange gepflegt, wie es ging. So kamen an Silvester der Schornsteinfeger und der Storch als Glücksbringer.
Das „Schmackostern" gehörte auch dazu, an dem man sich mit Wasser bespritzte und Langschläfer mit einer Rute bestrafte. Für unseren Henseleit dichteten einige Mitbewohner Vierzeiler mit folgendem Refrain:

„Ach, Henseleitchen, wir bitten Sie! Ach, Henseleitchen, vielleicht könnten Sie! Ach Henseleitchen, ob das wohl geht? So hört man's täglich von früh bis spät!"
Wir jüngeren veranstalteten auf dem langen Flur Meisterschaften im „Handstandgehen" .Einer schaffte es hin und her. So viel schafften wir anderen nicht. Für die Haupteingänge der Baracken fanden kleine Schönheitswettbewerbe statt. Wer kriegt es am besten hin, mit Moos, Zweigen und Steinchen eine ansprechende Wirkung zu erzielen.

Hunger, Ungeziefer und Krankheit

Die Verpflegung gab es aus der Großküche in zugeteilten Portionen. Erwachsene bekamen ca. 600 Kal. inklusive Brot und Aufschnitt. Für arbeitende gab es etwas mehr. Die Alliierten hatten Dänemark verpflichtet, uns „am Leben zu erhalten". Wir hatten eigentlich immer Hunger. Bei älteren Leuten erbettelten wir uns manches Scheibchen Brot, natürlich nicht zum Sattessen, aber immerhin.
Kaum jemand blieb von Krankheiten verschont. Mein ältester Bruder bekam Paratyphus und wir alle litten unter Furunkeln. Diese wurden mit aufgelegten Wegerich-Blättern behandelt. Ich glaube, dass alle Geschwister Mittelohrentzündungen hatten. Ich wurde verschont. Unser jüngster Bruder, ein Jahr und zwei Monate alt, starb im Esbjerger Krankenhaus an Unterernährung. Später erfuhr ich, dass damals ca. 3000 Kleinkinder gestorben sind. Mutter wäre gerne zur Beerdigung gefahren, doch die Züge wurden immer wieder beschossen, weil man Soldaten oder Kriegsmaterial darin vermutete. Uns Kindern zuliebe verzichtete Mutter auf die Fahrt. Wir hatten auch alle Ungeziefer: Kopf- und Kleiderläuse und Flöhe. Besonders die Wanzen

peinigten uns sehr. Ab und zu wurden sie bekämpft, aber weg bekamen wir sie nicht.

Eingesperrt und eingeengt

Nach der Kapitulation am 8. Mai wurde eine strengere Ausgangssperre eingeführt. Bei Einbruch der Dunkelheit sind auch Schüsse gefallen. Inzwischen erhielten einige Familien die Zuzugsgenehmigung nach Deutschland und wurden entlassen. Doch es kamen immer wieder andere Flüchtlinge, weil die Dänen die kleinen Lager nach und nach auflösten. Schließlich wurden sogar die Pferdeställe mit Menschen belegt. Zeitweise lebten 35.000 Menschen in Oksböl. Als in unserer Baracke ein kleines Endzimmer frei wurde, durfte Mutter mit uns dahin umziehen. Endlich hatten wir unseren eigenen Bereich. Wir erlebten ein ganz neues Gefühl für Familie. Auch konnten wir jetzt unser Essen aus der Großküche kalt abholen und selbst kochen. Vor unserem Fenster legte ich ein richtiges Beet an. Etwas dickere Kartoffelschalen pflanzte ich ein, und sie brachten tatsächlich im Herbst „reiche Ernte". Auch einige Blumen kamen dazu.

Schule und Langeweile

Wir Kinder suchten immer nach einer Beschäftigung. Zum Glück bekamen wir schon im Mai 1945 Schulunterricht. Unsere Lehrerin hieß Frau Borbe. Obwohl diese Frau sich bestimmt viel Mühe gegeben hat, konnte sie den Mangel an Lehrmaterial, Papier und Stiften nicht ausgleichen. Wenn kein Unterricht war, stromerten wir im ganzen Lager umher. Irgendwoher hatte jemand zwei Drahtseile besorgt, die zwischen zwei Kiefern befestigt wurden und eine wunderbare Schaukel ergaben. Der Exerzierplatz wurde von den größeren

Jungen als Flugplatz für ihre Flugmodelle, bestehend aus Leisten mit Papier genutzt. Eine Fußballmannschaft fand sich dort auch zusammen und durfte sogar an der Jütland-Meisterschaft teilnehmen. Diese Meisterschaft haben sie sogar gewonnen. In Erinnerung sind mir drei Spitznamen geblieben: Groschenbügel, Professor und Luchs. Nicht weit von Block M befand sich der ehemalige Schießstand, gesichert durch zwei kleinere und einem höheren Wall. Um diesen wurde mit anderen Jungen, genannt die „Zichenauer" erbittert gekämpft. Genauso, wie wir es erlebt hatten, spielten wir Krieg. Unsere Waffen waren Gummizwillen. Hierbei verlor einer sein Auge. Weniger gefährlich war im Sommer für uns alle die Bademöglichkeit am Priestersee. Er ist schon von den Soldaten zum Baden genutzt worden. Zugeschweißte Gasmaskenbehälter trennten die Badestelle vom übrigen See ab. Hier habe ich halbwegs das Schwimmen gelernt. Durch Langeweile bildeten sich unter den Jungen gewisse Cliquen. Eine ganz verrufene war die „Clique Baumann". Sie spielte den anderen böse Streiche. Ich erinnere mich genau an eine böse Tat: Nicht alle Unterkünfte hatten Spültoiletten, z. B die Pferde-ställe. Hierfür hatte man Gräben ausgehoben, Dielen darauf gelegt und ein Holzhäuschen darüber gestellt. Diese Dielen entfernten die „Clique Baumann" nachts, und ein großes Unglück konnte nur durch Zufall verhindert werden. Das Eingesperrt-Sein brachte alle immer wieder auf neue Ideen. Junge heranwachsende Männer versuchten sogar, sich einen „Intimbereich" zu verschaffen, indem sie außerhalb der Baracken eigene kleine Buden aus Holz, Dachpappe und

Isoliermaterial bauten. Diese Unterkünfte mussten jedoch nach kurzer Duldung wieder entfernt werden.

Unbändige Freude

Nach und nach wuchsen natürlich bei uns allen die Unruhe und das Heimweh. Wann dürfen wir wieder nach Deutschland? Im Sept. 1947, erhielten wir endlich die Zuzugsgenehmigung. Bei dieser Nachricht tollten wir so stark auf unseren Etagen-Betten herum, dass diese bis auf die Erde zusammenkrachten. Unser Vater hatte nämlich in Diersbüttel bei Amelinghausen Arbeit bei einem Bauern gefunden. Die Abreise erfolgte bis **Kolding** per LKW und dann mit der Bahn, über die Rendsburger Brücke (wie 1945 bei der Flucht) bis in das **Auffanglager Osnabrück** und von dort zu diesem Bauern nach **Diersbüttel.** Er konnte uns nur zwei kleine unbeheizte Räume zur Verfügung stellen. Wir waren aber 9 Personen! Das war ihm „zu wuselig". So beherbergte er uns nur vier Wochen. Die nächste Station war ein RAD-Lager (Reichsarbeitsdienst) in **Neetze, Kreis Lüneburg**. In einem Großraum mussten wir noch einmal mit 22 Personen ½ Jahr zusammenleben. Im Dorf hatte zu der Zeit der Zirkus Belli sein Winterquartier. In einem offenen Zirkuswagen beförderte man schließlich unsere große Familie bei Eiseskälte im März 1948 in unsere endgültige Bleibe nach **Reinstorf Krs. Lüneburg**, nach mehr als drei Jahren. Wieder wurden wir als Störenfriede empfangen und der Bauer weigerte sich, diesen Haufen Menschen aufzunehmen. Der offizielle Flüchtlingsbetreuer schaltete sich ein und drohte mit der Polizei und der Zwangseinweisung. Daraufhin überließ uns der Bauer widerwillig ein Zimmer und zwei seiner Kinderzimmer. Unseren Eltern missfiel es, offensichtlich dem Eigentümer so zur Last zu fallen. Sie besprachen sich und dann zogen wir alle in einen allerdings sehr viel kleineren Zwischenbau um, gemäß dem Sprichwort: „Man muss sich nach der Decke strecken!" Dieses Entgegenkommen unsererseits haben die Leute uns nie vergessen. Langsam entwickelte sich eine gute Beziehung. Wir halfen alle tüchtig mit in der Landwirtschaft und machten uns nützlich. Aus der anfänglichen Ablehnung wurde ein angenehmer gegenseitiger Kontakt, der bis heute gehalten hat. Als ich selber nach vielen Jahren schon selbständig in meinem Beruf als Steinmetz war, besuchte ich den Sohn des Bauern in Reinstorf. Mit einer großzügigen Geste schenkte er mir alles seine brauchbaren Findlinge.

Aus Fremden werden Freunde

Flüchtlinge können wohl nie ihre alte angestammte Heimat vergessen. Doch wir durften auch erfahren, dass ein neues Zuhause dort ist, wo man verstanden wird, wo man angenommen wird, auch wenn man zuerst ein Fremder ist. Heimat erlebt man auch da, wo man sich nützlich machen darf und dementsprechend geachtet wird. Wir haben uns selber nach und nach dem Dorf und dem dörflichen Leben angepasst und angeschlossen. Wir sind auf die Leute zugegangen. Ich bin in den Schützenverein eingetreten und heute noch Mitglied. Auch der Königsschuss gelang mir. Bei etlichen Festen habe ich tüchtig mitgemacht. Heute möchte ich diese Erfahrungen auch den Menschen wünschen, die weltweit als Flüchtlinge unterwegs sind. Ich verachte den Krieg und alle Kriegstreiber, die daran verdienen. Ich hasse auch die „Radikalinskis", die

protzig in ihren Palästen oder Bunkern wohnen, während ihr eigenes Volk vor Armut hungern muss. Ich bekomme die Wut, wenn ich von korrupten Machthabern höre, die keine Opposition dulden, ihre Macht missbrauchen, ihre Steuergelder ins Ausland schleusen und Kriegsdrohungen ausstoßen. Vor allem verachte ich die Machthaber, die ihre eigenen Leute betrügen, und die noch an den Schleuserbanden verdienen. Ich empfinde auch tiefes Mitleid, wenn ich Berichte lesen muss, wie etwa in Griechenland oder auf Lampedusa mit den Flüchtlingen umgegangen wird.
Nach meiner Meinung sollte man alle Bemühungen unterstützen, die Kriege verhindern können

Georg David

Bericht: Meta Michalek

Die Heimat verlassen

Mein Heimatort ist **Lüdtkenfürst, Kreis Heiligenbeil**. Ich wohnte mit meiner Mutter, die Witwe war, in einem Gemeindehaus, in dem mehrere Familien ihre Wohnung hatten. Ich hatte vier ältere Halbschwestern aus der ersten Ehe meines Vaters. Im Ort war ein großes Gut, es hieß „von Klenow". Hier hat meine Mutter viel gearbeitet. Meine Mutter war Arbeiten gewöhnt. Es half ja nichts, Rente hatte sie auch nicht viel. Auf dem Gut war nur noch eine Frau, die alles bewirtschafte. Mein Vater ist dort der Kutscher gewesen und musste immer die „Gnädige Frau" kutschieren. Das war eine gute Vertrauensstellung.

Damals war das schon etwas, Autos gab es ja noch nicht. In dieser Stellung hat man viel gesehen und musste auch viel verschweigen. Mein Vater hat diese Arbeit gut gemacht, bis er krank wurde und starb. Ich selber war da erst zwei Jahre alt. Als ich geboren wurde, war meine Mutter schon 42 Jahre alt. Ich kenne meinen Vater gar nicht. Es gab nicht einmal Fotos von ihm, denn damals konnte man nicht so einfach Bilder machen. Die „Gnädige Frau" aber hat mit uns weiterhin Kontakt gehalten. Ich bekam zu Weihnachten immer noch ein Päckchen geschickt. Vom Krieg haben wir eigentlich nicht viel gemerkt, bis die Soldaten überall einquartiert wurden. Jeder, der ein bisschen Platz hatte, musste Soldaten aufnehmen. In einem Haus war eine Ortskommandantur eingerichtet. Die Soldaten waren es, die dafür gesorgt haben, dass wir noch rechtzeitig wegkamen. Das war am 08. Februar 1945. Im Dorf war eine junge Frau mit einem Neugeborenen. Aus diesem Grund hatte uns die Ortskommandantur ein Schreiben aufgesetzt, aus dem hervorging, dass unsere Gruppe (etwa 10 Personen) mit jedem nächstmöglichen Wagen oder Schiff mitgenommen werden sollte. Wir hatten ja kein Pferd, keinen Wagen, nichts. Die Soldaten haben uns dann von **Lüdtkenfürst** mit LKWs bis zum Haff gefahren. Ich glaube, dort hieß es Rosenberg. Die Russen waren schon ganz nahe. Da kam uns ein glücklicher Umstand zu Hilfe: Als wir am Haff ankamen, gab es eine Fahrrinne übers Haff. Obwohl überall Eis war, war gerade zu dieser Zeit diese Fahrrinne offen. Und so sind wir mit einem kleinen Schiff, so eine Art Fähre, über das Frische Haff um die Nehrung herum bis nach **Pillau** gebracht worden   Dort lag ein großes Schiff vor Anker. Als die junge Mutter

fragte, ob wir mitfahren dürften, wurde sie abgewiesen, weil an Bord nur verwundete Soldaten waren. Aber dann hat sie das Schreiben vorgezeigt und daraufhin hat man uns 10 Leute mitgenommen bis nach **Gotenhafen**.
Ich war 16 Jahre alt und habe alles sehr bewusst erlebt und gut in Erinnerung. Meine Mutter war noch eine rüstige Frau. An Hab und Gut hatten wir gar nichts mehr dabei, nur eine Tasche mit den wichtigsten Papieren. Bekleidet waren wir doppelt und dreifach, schon wegen der bitteren Kälte. An Bord lagen überall die verwundeten Soldaten auf Stroh, wo man hinguckte. Als wir in Gotenhafen von Bord gingen, hatte ich mich inzwischen mit zwei anderen jungen Mädchen angefreundet. Zusammen sind wir zum Bahnhof gegangen. Wir wussten nicht wohin, nur, dass wir nach Westen wollten. Da kamen einige Soldaten auf uns zu und zeigten uns einen Güterzug, der uns mitnehmen könnte. Mit diesem Güterzug sind wir bis nach **Oksböl in Dänemark** gebracht worden. An der dänischen Grenze wurden noch einige Wagen abgekoppelt. Diese Flüchtlinge durften in Schleswig-Holstein bleiben.

Lagerleben in Oksböl

Ich meine, wir waren auch nicht erschrocken, als wir in Dänemark landeten. Als junge Mädchen haben wir alles sowieso mit anderen Augen gesehen, als die Erwachsenen, nicht so ernsthaft. Zu der Zeit war immer noch Krieg, und in Oksböl war ein riesiges deutsches Militärlager mit für uns unübersehbar vielen Baracken. Die Soldaten hatten alles räumen müssen. Es gab auch große Pferdeställe, aber da mussten wir nicht hinein, erst später wurden noch andere Lager aufgelöst. Diese Menschen mussten in den Pferdeställen wohnen, weil alle Baracken voll waren. Uns wies man einen abgeteilten Raum in einer Baracke an. Diesen Raum mussten wir mit vier/fünf fremden Familien teilen. Jeder sah zu, wo er bleiben konnte. Ich hatte mit meiner Mutter ein Doppel-Etagenbett, das war alles an Intimbereich. Männer und Frauen und Kinder lebten dicht an dicht. Abschirmen konnte man sich nicht. Man hat nachher gar nichts mehr darum gegeben. Es war ja ganz dicht ein Bett am anderen. Es gab einen Baracken-Ältester, der so bisschen für Ordnung sorgen musste. So richtige Verwahrlosung hat es nicht gegeben, obwohl wir auch Kopf-Läuse hatten, fast alle, und einige hatten Kleiderläuse. Zu einer Art „Gemeinde-Schwester", konnte man hingehen, aber wir jungen Mädchen haben uns geschämt. Zur Entlausung musste man eigens aus dem Lager raus in ein besonderes Haus. Da musste man alles ausziehen und durch ein vernebeltes Zimmer gehen. Genau weiß ich das gar nicht mehr. Zum Waschen gab es einen Waschraum in jeder Baracke, natürlich nur mit kaltem Wasser. Auch die Toiletten waren extra in einem Nebenraum, nicht draußen. Zum Heizen hatten wir in jedem Raum einen Kanonenofen. Etwas Holz bekam man zum Heizen. Aber das reichte bei der Kälte nicht aus. Es war viel Wald auf dem Lagergelände. Da sind die Männer des Nachts losgezogen und haben unerlaubt Bäume gefällt und in die Baracken geschleppt. Unsere Mutter ist oft mitgegangen, damit wir in unserer Bude auch etwas zum Heizen hatten. Als wir nachher entlassen wurden, da waren nicht mehr viele Bäume auf dem Gelände.

Es ist mir so, als wäre innerhalb des Geländes auch eine größere Wasch-Baracke gewesen. Da gab es warmes Wasser und Möglichkeit zum Wäschewaschen. Wir hatten natürlich nicht viel Wäsche zum Wechseln. Doch man glaubt es nicht, wie erfinderisch wir alle waren. Ich erinnere mich, wie es war, als endlich der Krieg aus war. Zu dem Zeitpunkt mussten ja die Soldaten alle aus Dänemark raus, das war im Mai 1945. Es gab im Lager ja auch Kantinen, in denen die Soldaten etwas kaufen konnten. Wir hatten anfangs auch etwas Geld bekommen, um etwas zu kaufen. Und ehe die Soldaten abzogen, haben sie uns noch heimlich einiges zugesteckt. Das war allerdings streng verboten, doch man hatte inzwischen gute Beziehungen zu den deutschen Soldaten. Die Sanitäter haben uns heimlich ganz viele Mullbinden geschenkt. Die haben die Frauen aufgerollt, die Fäden aufgeribbelt und dann eifrig Söckchen gestrickt und Unterhosen. Als Stricknadeln benutzte man Fahrradspeichen. Wer nähen konnte, hat aus Wolldecken Jacken oder Westen gemacht. An eine kleine Werkstatt oder ähnliches kann ich mich nicht erinnern. Wir haben nur in unserer Baracke gearbeitet. Meine Mutter hat ein sehr schönes Fotoalbum gebastelt. Sie hat dazu Fäden aus einem Strohsack gezogen und damit fein gestickt und mit buntem Schürzenstoff sauber gefüttert. Dieses Album halte ich immer in Ehren. Für die Kinder gab es auch Schulunterricht, aber ich war ja schon konfirmiert. Ich weiß noch, dass es ein großes Theater-Haus gab. Wir konnten so oft, wie wir wollten dort ins Theater oder Kino gehen. Das war ausgezeichnet, mit Ballett und Kostümen und Orchester. Die Karten wurden barackenweise zugeteilt. So viele Filme, wie ich da gesehen habe, hab ich nie wieder erlebt. Das waren ganz normale Filme, viele Heimatfilme, z. B. „Der Förster vom Silberwald". An einzelne Künstler kann ich mich nicht erinnern. Die Agnes Miegel war auch interniert. Aber persönlich kannte ich sie nicht. Eine gute Beschäftigung fand ich nachher, als ich im Kinderlazarett arbeiten durfte. Hier konnte ich dann wohnen. Da blieb also meine Mutter in der Baracke zurück. Ich hatte es besser und konnte ihr noch oft etwas bringen. Wenn die kranken Kinder das Essen nicht wollten, dann konnte man schon mal etwas verschwinden lassen. In dem Kinderlazarett waren alles kleine Kinder etwa von 3 – 10 Jahren mit Typhus, Meningitis usw. Die durften natürlich nicht besucht werden, nur von Weiten konnten die Mütter sie sehen. Da war ein Kind, ein Junge von 4-5 Jahren, der hing so an mir. Wenn ich zu ihm ins Zimmer kam, hat er sich immer gefreut. Er war so anhänglich. Und wenn ich Mittagszeit hatte, dann hab ich mir den kleinen Kerl geholt und hab ihn mit in mein Bett genommen. Ich hatte keine Angst. Obwohl der Junge Typhus gehabt hat, hab ich mich nicht angesteckt. Es tat mir so leid, wenn so kleine Kinder alleine sind. Bei ihm hat sich niemand von den Angehörigen sehen gelassen. Es gab auch etliche Babys, aber die sind ja nachher alle gestorben. Die ganze Einrichtung war sehr gut. Es waren deutsche Ärzte da und deutsche Krankenschwestern. Ich nehme an, dass die deutschen Soldaten früher alles eingerichtet hatten, bevor die Flüchtlinge kamen. Wo die kranken Erwachsenen hingekommen sind, weiß ich nicht genau. Ich glaube, die mussten alle nach Esbjerg. Ich denke, die Dänen haben getan, was sie konnten.

Ich selber habe im Lazarett alle Arbeiten gemacht, die man mir aufgetragen hat. Mal war ich in der Küche, und dann habe ich wieder die Kinder mit versorgt. Ich bin fest überzeugt, dass gerade diese Beschäftigung für mich eine große Hilfe war, alles Unangenehme im Lager zu ertragen. Wir waren alle eine sehr gute Gemeinschaft. Man hat viel gelacht und Spaß gehabt und unser Lagerlied gesungen:
Lagerlied "Heimatlos" (Mel. „Wo die Nordseewellen...")
Wo zwischen Sand und Wald viele Baracken stehn,
wo die Flüchtlinge ständig spazieren gehen.
 Wo die Arbeit knapp ist und das Essen rar,
da sind wir gefangen für ein ganzes Jahr.

Wo die Butterrationen wiegen 20 Gramm,
wo der Hunger fängt gleich nach dem Essen an.
Wo die Grütze und Graupen gingen niemals aus,
da ist unser Oksböl, da bin ich zu Haus.

Wo die blaukarierten Kleider flitzen hin und her,
(Schwesterntracht)
wo es keine Kronen gibt, nicht einmal Öre ,
wo der Ausgang knapp ist und die Männer rar,
da sind wir gefangen für ein ganzes Jahr.

Drum ihr Deutschen hier in Oksböl, habet Mut.
Auch uns geht es allen wieder einmal gut,
Sind wir zu Haus und haben Arbeit wir und Brot,
denken wir gern an die Oksböler Not.

-.-.-.-

Es war schon unangenehm, hinter Stacheldraht eingesperrt zu sein. Vor dem Kriegsende durften wir noch herausgehen, das war schön. Wenn wir allerdings draußen auf Dänen trafen, dann schrien sie uns an: „Tüske swiene". Später standen an der Pforte die Posten mit Gewehren. Es kann auch sein, dass uns der Stacheldraht vor dänischen Racheakten schützen sollte. Wir hatten zwar viel Gelände im

Lager und Möglichkeit zum Umhergehen, doch das Eingesperrtsein ist ein ganz ungutes Gefühl.

Ein neues Zuhause suchen

Selbstverständlich wollten wir alle unbedingt raus aus dem Lager. Wir bemühten uns lange, bis wir Kontakt mit Verwandten bekamen. Wir haben gar nichts von unseren Familienangehörigen gewusst. Erst sehr spät konnten wir sie über das Rote Kreuz suchen lassen. Es hat sehr lange gedauert, bis die Post wieder funktionierte und man Antworten bekam. Es war wichtig, dass man eine Adresse „im Reich" hatte, Leute, die eine Zuzugsgenehmigung beantragen konnte. Darin erklärte man sich bereit, die Flüchtlinge bei sich aufzunehmen, damit man überhaupt aus dem Lager heraus konnte.

Als wir nach Dänemark kamen, am 18. Febr. 1945 wurde ich im März 17 Jahre alt. Drei Jahre waren wir im Lager interniert. Ich war mittlerweile schon 20. Die ganze Jugend war dahin.

Eine meiner Schwestern (Halbschwester) wohnte damals in Holm in Schleswig mit ihrer Familie Sie lebte auch in Ostpreußen mit ihrer Familie, nicht bei uns und ist ihren eigenen Fluchtweg gezogen. So hatte es sie mit ihren zwei Kindern nach **Holm** verschlagen. Wir hofften, bei ihr Unterkunft zu bekommen. Als wir dann endlich dort in Holm ankamen, war meine Schwester bereits mit ihrer Familie nach Duisburg gezogen. Mein Schwager hatte für den Bauern arbeiten müssen, aber nur fürs Essen. Darum wollten sie ins Ruhrgebiet. Weil also die Verwandten fort waren, wollten uns die Bauern gar nicht aufnehmen. Sie haben gesagt: „Da fahren Sie man auch dahin, wo Ihre Schwester ist." Aber meine Schwägerin lebte im Nachbarort. Die hatte die resolute Idee: „Komm, wir fahren mal zum Roten Kreuz nach Niebüll!" Von dort wurde dann wahrscheinlich mit dem Bürgermeister telefoniert und als wir dann wieder bei den Bauersleuten ankamen, waren die so freundlich, als hätten sie immer nur auf uns gewartet. Aber gern gesehen waren wir überall nicht. Das haben wir ständig zu spüren bekommen. Zum Wohnen hatten meine Mutter und ich ein kleines Zimmerchen mit nur einem Bett. Aber ich habe mir bald zwei Dörfer weiter Arbeit besorgt. Ich bin „in Stellung" gegangen, wie man das damals nannte. Der Mann war ein Viehhändler. Er hatte auch ein wenig Landwirtschaft und einige Kühe. Da musste ich überall mit anpacken. Damals habe ich das Melken lernen müssen. Für mich als 20 jährige war das eine schwere Arbeit. Aber ich war froh, denn es war nicht leicht, Arbeit zu bekommen. Ich war nicht so sehr lange bei dem Viehhändler. Später arbeitete ich in einer Bäckerei. Dort konnte ich auch wohnen. Die hatten keine Landwirtschaft, aber vier Kühe. Zum Glück konnte ich inzwischen schon melken. Ich musste immer weit mit dem Fahrrad fahren, zweimal am Tag, vorne die schweren Kannen am Lenker. Morgens fuhr der Milchwagen durch und hat die Kannen eingesammelt. Die Kühe waren den ganzen Sommer draußen auf der Weide. In der Bäckerei musste ich auch gelegentlich mithelfen, wenn z. B. eine Veranstaltung war, dann verkaufte ich das Eis. Aber in der Hauptsache hatte ich meine Arbeit im Haushalt, Wäsche in Ordnung halten, Zimmer reinigen usw. Später bin ich nach **Duisburg** gezogen, weil meine Schwester dort bereits lebte. Meine Mutter blieb noch in Holm. Sie hat dort alle Arbeiten gemacht, die anfielen. Für die Leute war sie eine nützliche Kraft. Für nichts und wieder nichts, nur für ein bisschen Essen hat sie geschuftet, alles ohne einen Pfennig Geld. Man hat sie richtig ausgenutzt. Wir waren eigentlich auch immer alleine und auf uns gestellt. Es gab niemanden, der uns Recht verschaffen konnte. Das ist ein schlimmes Gefühl. Die Einheimischen hatten immer die Ansicht, dass wir so Art „Zigeuner" waren, die nichts gehabt haben und nichts haben: „Warum seid ihr überhaupt von Zuhause weg?", so fragten sie höhnisch. Wir waren für sie ein ungeliebtes „Lumpenpack".

Aber meine Mutter und ich wir hatten immer ein gutes Verhältnis und ich habe dann später auch die sogenannte „Familienzusammenführung" gemacht und Mutter nach Duisburg geholt. Es musste sie ja jemand ausdrücklich einladen und anfordern, denn es war noch überall große Wohnungsnot. Die Bauersleute hatten sich inzwischen so sehr an diese billige Arbeitskraft gewöhnt, dass sie meine Mutter gar nicht weg lassen wollten. Sie hat jedoch in Duisburg später eine schöne Wohnung bekommen.

Rückblick

Wenn ich jetzt nach 68 Jahren zurück denke, muss ich sagen, so schlecht ist es uns gar nicht in Oksböl ergangen. Es ist wohl so, dass die großen Jungen, so 15/16 Jährige, nicht richtig satt geworden sind. Aber wir selber haben nicht gehungert. Meine Mutter und ich waren auch nicht krank.

Wenn ich heutzutage die großen Flüchtlingslager sehe, z.B. die in der Türkei und in Jordanien, und wenn ich im Fernsehen Frauen und Kinder hinter Stacheldraht sehen muss und die, die auf der Flucht sind, dann kann ich den Anblick nicht mehr ertragen. Dann kommt die Erinnerung wieder hoch. Ich kann mit diesen Menschen mitfühlen. Ich habe das ja erlebt. Wir wohnten an der Straße, die nach Heiligenbeil führt, und es kamen schon seit einem Jahr die Trecks an unserem Haus vorbei. Das war ein Elend. Da kamen die Frauen müde und beladen an unsere Tür; Kinder an der Hand und wollten nur etwas essen oder trinken. Meine Mutter hatte noch ein Schwein geschlachtet und eingesalzen. Sie wollte das Tier nicht lebend zurücklassen. Also hat meine Mutter immer wieder gekocht und gemacht. Wenn Leute hereinkamen, dann hat sie gegeben, was sie hatte. Wir selber haben Glück gehabt und unsere Flucht hat nur 10 Tage gedauert, aber wenn ich an die armseligen Menschen denke, die Kilometer um Kilometer zu Fuß laufen mussten. Das war kein gemütlicher Ausflug! Meine Schwester z. B., die mit ihren zwei Kindern auf der Flucht war, hatte plötzlich ihren Wagen aus den Augen verloren. Da stand sie ganz alleine da, während der Treck einen anderen Weg genommen hatte. Erst nach langer Zeit hat sie den Wagen und ihre Kinder wieder gefunden. Und das Furchtbare war ja, dass bei hellem Wetter die Tiefflieger kamen und die Wagen angriffen. Auch als wir noch zuhause in Heiligenbeil waren, wurden wir schon von Tiefffliegern beschossen. Die Leute weinten und erzählten, wie die Pferde dann durchgegangen waren und oft der ganze Wagen mit allem Hab und Gut in den Graben gekippt ist.

Dass auch heute noch so viele Menschen dieses Elend mitmachen müssen, das verstehe ich nicht. Das hat doch keinen Sinn.

Meta Michalek, geb. Fellenberg

Bericht: Edith Schöpf
Wir müssen fliehen

Am 5. Februar 1945 haben wir schnell unsere Habseligkeiten auf den Wagen geladen. In Fischers Wald war schon der Russe. Schlimm war, dass unser Vater nicht zuhause, sondern beim Volkssturm war. Vater war schon 51 Jahre alt und brauchte zwar nicht mehr an die Front, musste jedoch die sogenannte „Heimatfront verteidigen". Mutter war furchtbar in Sorge. Gott sei Dank kam er noch in der Nacht heim. Ichglaube nicht, dass Mutter mit uns vier Kindern alleine auf die Flucht gegangen wäre. Das hätte sie nicht geschafft. Mutter war damals 43 Jahre alt. Unser Otto war erst 4 Jahre, Erna 8 Jahre, Heinz 9 Jahre und ich war die Älteste mit 14 Jahren. Wie fast alle aus unserem **Dorf Kaschaunen, Krs. Braunsberg** wurden wir über Nebenstraßen Richtung Heiligenbeil geleitet. Auf den großen Straßen fuhr das Militär. Schon im übernächsten Dorf, in Lichtenau kamen wir nicht mehr weiter. Unser gutes Ackerpferd wurde krank und konnte unseren Wagen nicht mehr ziehen. Die Eltern, die sonst immer wussten, was zu tun war, waren völlig hilflos. Wir standen da, und die anderen Wagen zogen an uns vorbei. Hinter uns hörten wir das Schießen der heranstürmenden Russen. Zum Glück wusste ein Soldat Rat. Er schickte die verzweifelten Eltern zum Pfarrer. Der machte seine Stalltür auf und gab uns einen schönen, kräftigen Grauschimmel mit den Worten: „Der soll euch mit Gottes Segen in Sicherheit bringen". Dieses menschliche Verstehen tat uns so gut. Also ging es weiter mit uns bis zum **Frischen Haff.** Natürlich sind wir früher nie am Wasser gewesen. Es war bitterkalt und alles war mit

Eis bedeckt, doch man konnte sehen, dass es an vielen Stellen brüchig war. Ich vergesse es nie: Es war am 25.-26. Februar, bei mondklarer Nacht griffen uns die Tiefflieger an. Da gab es kein Zurück mehr. Bevor wir loszogen schenkten die Soldaten den Männer noch ein kleines Fläschchen Schnaps. Das war wieder so eine menschliche Geste am Rande. Wir reihten uns in die Kolonne ein. Vater führte unser Pferd am Halfter, weil es sonst gescheut hätte. Wir waren angewiesen worden, mindestens 50 m Abstand voneinander zu halten. Aber immer schaffte Vater das gar nicht. Einmal schlug vor uns eine Bombe ein. Da war ein Schreien und Hilferufen, doch keiner konnte mehr helfen. Die Menschen versanken mit ihren Pferdewagen im eiskalten Wasser. An einer Stelle fuhren wir in ein Bombenloch direkt hinein. Irgendein guter Mensch hat uns geholfen, damit wir da wieder herauskamen. Wir sahen im Vorbeifahren immer wieder tote Menschen und erschossene Pferde liegen. Es war ganz schrecklich für mich. Wir waren am späten Nachmittag, als es schon dunkel war, auf das Haff gefahren und erreichten am anderen Tag um 11 Uhr das feste Land bei **Kahlberg.** Doch weil alles verstopft war, sollten wir noch weiter auf dem Eis bleiben. Die Eltern verloren bald die Nerven. Niemand hatte schlafen können und unser Otto war doch noch so klein. Da hatten die Soldaten ein Einsehen und wir durften weiterfahren. In der Nähe von Stutthof sah ich das erste Mal, dass Männer an den Straßenbäumen aufgehängt waren. Den Anblick vergesse ich auch nie. Man hatte ihnen Schilder umgehängt und geschrieben, dass sie Feiglinge seien, weil sie von der Wehrmacht weggelaufen waren. Unser Treck fuhr an allem Elend vorbei, bei

Neuteich, über die Weichsel, Richtung Pommern, dann wieder zurück nach **Danzig.** Bis nach **Schievenhorst** brachte uns unser treuer Schimmel. Dann erging es uns so, wie allen Flüchtlingen: Wir mussten uns von den letzten Eigentümern trennen, auch von dem Pferd. Wir gaben es den Soldaten. Dann wuchs in uns die Angst vor dem unübersehbaren Wasser, dem Ertrinken. Aber es gab ja keine Alternative.

Letzte Rettung über die Ostsee

Dichtgedrängt in einem kleinen Kahn wurden wir zur Halbinsel Hela gebracht. Hier wurden wir ausgeschifft und mussten einige Zeit auf der Insel bleiben. Immer wieder erlebten wir Bombardements. Die Tiefflieger kamen immer, wenn es hell wurde. Die Soldaten waren sehr diszipliniert und hilfreich. Von ihnen bekamen wir satt zu essen. Es war schon Ende April, als wir mit dem Schiff „Bischof Bremen" Richtung Dänemark fuhren. Man sagte uns, dass dies die letzte Möglichkeit wäre. Während der Überfahrt hörten wir die Nachricht, dass „Hitler gefallen" sei, so drückte man sich aus. Am 1. Mai kamen wir in Kopenhagen an. Wir mussten uns ganz auf die Soldaten verlassen. Wo sollten wir sonst hin in diesem fremden Land? Weiter ging es mit dem Zug bis nach **Ars auf Nord-Jülland**. Dort war ein Lager in einer Schule. Erschreckt sahen wir den Stacheldrahtzaun und die Posten. Die Versorgung mit Essen habe ich in ganz schlechter Erinnerung. Wir Kinder hatten immer noch Hunger. Ich sehe noch unsere Eltern vor mir, wie sie uns von ihrer kleinen Ration abgaben. *Heute kann ich die Lage der Dänen besser verstehen, das kleine Land war gezwungen worden, all die vielen Verwundeten und*

Flüchtlinge aufzunehmen. Man hat ihre Schule und Hotels requiriert und ihr normales Leben erheblich gestört. Wir blieben nicht in Ars, sondern wurden in ein kleines Lager gebracht in **Jägerprieß** und von dort aus wieder weiter nach **Aalburg/Ost**. Hier war alles bedeutend größer, fast wie eine Stadt für sich. Die deutsche Wehrmacht hatte diesen Stützpunkt aufgebaut. Wenige Zeit vor der Kapitulation am 8. Mai waren die Soldaten abgezogen worden. Zurückgeblieben waren unzählige Baracken für 20 – 50 oder 100 Menschen. Ich weiß es nicht genau. Es gab einen Landeplatz für Flugzeuge, Werkstätten, in denen unsere Männer nun etwas Beschäftigung hatten. Eine große Küche war auch da, in der die Frauen helfen konnten. Natürlich war es günstig, in der Küche zu arbeiten. Manche Kartoffel konnte man unbemerkt mitgehen lassen. Das Essen war meistens schlecht und nicht ausreichend. Eine Sanitätsstation war auch eingerichtet. Das war wichtig. Wir selber mussten auch in die Ambulanz, weil wir alle diese ekelige Krätze hatten. In der Sanitätsstation wurden konsequent wichtige Impfungen durchgeführt, z. B. gegen Typhus und Diphterie. Wir konnten uns in einem Waschraum waschen. Manchmal war sogar das Wasser warm. Mutter hatte hier Gelegenheit, die wenige Wäsche zu waschen und hat die Kleinen dort mit einem Lumpen so gut es ging abgeschrubbt. Man lernte, sich zu behelfen. Leider gab es keinen Schulraum, keine Lehrer und also keinen Unterricht. Das könnte man heute noch bedauern, denn später hat uns das viele Möglichkeiten verschlossen. Das ganze Lagerleben habe ich noch heute in schlechter Erinnerung. Wir wurden bewacht wie gefangene Verbrecher. Es war erniedrigend, dass wir auch das

Geld, was wir noch besaßen, abgeben mussten. Allerdings bekamen wir es viel später bei der Ausreise an der Grenze in Kolding zurück. Man fühlte sich rechtlos und machtlos.

Neue Hoffnungen – neue Enttäuschungen

Als wir am 27. Februar endlich in den Schwarzwald nach **Einbach-Hausach** ausreisen durften, hatten wir die Hoffnung, dass es im eigenen Land nun alles besser werden würde. Aber leider mussten wir bald erkennen, dass wir auch hier nur ungebetene Gäste waren. Wir waren in jeder Hinsicht die Untermenschen, die nichts hatten. Der Bauer, der uns aufnehmen sollte, sah uns nur als billige Arbeitskräfte. Für unser Essen und Wohnen haben wir gearbeitet und pro Tag 1 RM bekommen. Die böse Überraschung kam dann noch, als ich mit 60 Jahren die Rente beantragte. Da merkte ich erst, dass er uns nicht einmal versichert hatte.

Manchmal denke ich darüber nach...

Ich denke, die Situation der heutigen Flüchtlinge in aller Welt kann man in vieler Hinsicht mit unseren Erlebnissen vergleichen. Nur bleibt mir die große Frage, warum hat man nicht aus unserem Elend gelernt? Warum muss das immer so weiter gehen? Einer jagt den anderen! Einer gönnt dem anderen nichts! Unser Glück war es, dass wir nicht im „Reichtum" aufgewachsen waren. Wir hatten Genügsamkeit gelernt und waren glücklich und zufrieden. Heute will jeder mehr, mehr und mehr. Die Gier wird immer größer und damit wächst auch die Gewalt.
Heute bin ich 82 Jahre alt. Die Erinnerungen an Flucht und Lagerleben sind geblieben. Geblieben

sind mir auch die Frostschäden in den Beinen und Händen. Ich habe auch noch heute das Heulen der Bomben im Ohr. Doch ich bin trotzdem ein zufriedener Mensch. Mit der Zeit haben wir wieder Fuß gefasst. Ich war verheiratet und habe in einer guten Ehe gelebt. Ich habe eine verlässliche Beziehung zu meinem Sohn, der Schwiegertochter und den beiden Enkelkindern. Ich kann sagen: „Gott sei Dank! Ich bin gut durchs Leben gekommen!"
Edith Schöpf, geb. Hesse

Bericht: Gregor Bergmann
Auszug aus seinem Buch: „Mit Kopf und Herz- Mein weiter Weg ins Leben"

Anmerkung: Mit meiner Frau Renate habe ich 2005 unseren Fluchtweg abgefahren und auch die Plätze in Dänemark aufgesucht, wo die Barackenlager gestanden haben. Alle neuen Begegnungen und Erkenntnisse *wurden zum besseren Verständnis kursiv gedruckt.*

Aufbruch und Fluchtweg
Unser Haus und Hof war in **Kaschaunen, Krs. Braunsberg.** Wir mussten am 03. 02. 1945 alles zurücklassen und fliehen.
Unser kleiner Treck bestand aus sieben Personen:
Der Vater war 65 Jahre alt und ganz gesund. Auch die Mutter war eine rüstige Bäuerin von 49 Jahren. Meine älteren fünf Schwestern konnten wir nicht mitnehmen, sie waren damals schon außer Haus. Meine Schwester Martha war bereits in Heilsberg

verheiratet, Luzia war zu der Zeit im Pfarrhaus Frauendorf in Stellung. Maria hatte ihre Arbeit in Königsberg, Hedwig in Santoppen und Agathe war verpflichtet beim Reichsarbeitsdienst. Wir konnten nur hoffen, dass sie sich auch einem anderen Treck anschließen konnten.

So war da noch Anna, 24 Jahre alt, mein Bruder Hubert, der mit seinen 15 Jahren dem Vater schon gut zur Hand ging, meine Schwester Erika, 13 Jahre alt, ich selber mit 11 Jahren und unsere Dorothe, die gerade 9 Jahre alt war.

Im strengen Winter 1945 brachen wir auf. Unser Pferdefuhrwerk musste sich dem großen Treck einfügen. Wir wurden über die Landwege geleitet und gelangten nach großen Strapazen schließlich an das **Frische Haff**. Unter großer Gefahr mussten wir über das Eis. Von Tiefffliegern wurden wir beschossen. Erschöpft fuhren wir weiter über die Weichsel Richtung Westen.

Hier wurden wir von den Russen zurückgedrängt und kamen schließlich bis **Borgfeld, kurz vor Danzig**. Dort wurde unser Hubert von einem Granatsplitter schwer getroffen und musste sterbend in einem Lazarett zurückgelassen werden.

Wir wurden von deutschen Soldaten aufgefordert, schnell weiter zu ziehen bis an die Ostsee.

Über die Ostsee nach Dänemark

So kamen wir voller Angst bis nach **Einlage**, das an der Toten Weichsel liegt (Martwa Wisla). Der Landungssteg war für mich Jungen ein interessanter Ort. Dort gab es viel zu sehen. Mobiliar, Kannen, Eimer, Federbetten und Decken lagen auseinandergerissen auf der Erde. Ich wusste, die Menschen hatten alles liegenlassen müssen. Sie

waren mit einem Schiff „in das Reich" gefahren, wie wir Ostpreußen es nannten.
Wir wurden per Lautsprecher aufgefordert, nur mit Handgepäck an den Anlegesteg zu kommen. Die Mutter teilte ein, was jeder von uns zu tragen habe. Vater wird wohl einen mittelgroßen Koffer gehabt haben. Darin war – Gott sei Dank - auch etwas Werkzeug. (Den Hammer erhielt später mein Neffe Peter Bartsch. Er weiß ihn zu schätzen) Seinen "Schniefjebock" für den Schnupftabak hat der Vater auch nicht zurückgelassen. (Unser Sohn Matthias hält ihn als Erinnerungsstück in Ehren.) Vermutlich hatten wir Rucksäcke. Dorle meint, dass sie ihr Schulränzel getragen habe, darin sei Verbandsmaterial gewesen. Mutter hatte den länglichen Hebammenkoffer mit den wichtigen Papieren mitgenommen. Dorle sagt heute noch ganz wehmütig, dass abseits unser Wagen gestanden habe und jemand hatte ihren schönen, bunten, großen Hampelmann, den "Kohlenklau", oben angehängt. Sie durfte ihn ja nicht mitnehmen. Im Weichselwasser lag eine Barkasse. Es war ein großes Gedränge dort. Alle sollten ganz schnell in das Boot steigen. Aber ich musste mich noch einmal umdrehen und sah auf unsere lieben, lieben Pferde. Menschliche Gefühle wurden damals kaum gezeigt. Trotzdem fielen mir leise einige Tränen herunter. Dann dachte ich beklommen, sicherlich finden nicht alle Leute Platz. Plötzlich rutschte meine kleine Schwester von der hohen Schräge zum Wasser aus. Sie schrie laut, weil sie Angst hatte, in das für sie so große Wasser zu fallen. Soldaten retteten das Kind. *Diese Anlegestelle gibt es noch, doch jetzt befindet sich hier ein abgeschlossenes Werksgelände einer kleinen Werft. Noch einmal überschaute ich die*

weiten Wiesen im Umkreis. Für mich ist dieser Platz voll von starken Erinnerungen
Uns wurde gesagt, dass wir von hier aus bis zur Mündung der Weichsel gefahren würden und dann weiter bis in die Nähe von Hela. Dort läge ein größeres Schiff, das uns alle aufnehmen könnte. Inzwischen war schon eine große Zahl von Flüchtlingen in die Barkasse gestiegen. Es wurde angeordnet, dass alle im Boot stehen bleiben sollten. Auch wir stiegen möglichst schnell ein. Aber es kamen immer, immer mehr Menschen. Ich glaube, alle hatten plötzlich große Angst. Jeder meinte wohl, nun der Letzte zu sein, und in die Hände der Russen zu fallen. Ich wurde in die Mitte geschoben. Die Erwachsenen um mich herum waren größer und so konnte ich gar nichts mehr sehen. Es dauerte noch eine längere Zeit, bis das Geschiebe und Geschubse ein Ende hatte. Jeder versuchte so gut er konnte, das eigene Gepäckstück zwischen den Beinen festzuhalten. Dann hörte ich lautes Motorengeräusch und das Schiff legte ab. Nach einiger Zeit spürte ich, wie wir langsam durch höhere Wellen tuckerten. Leider konnte ich überhaupt nichts mehr vom Ufer erkennen. Die Menschen bekamen Angst. Aber die Soldaten der Marine beruhigten uns immer wieder. Aus Aufregung oder vor Angst mussten einige Frauen austreten. Aber wie sollte das geschehen? Niemand konnte seinen Platz verlassen. Jemand hatte eine kleine Blechdose. Und so mussten sich die Frauen im Stehen damit behelfen. Direkt neben mir brauchte eine Frau auch die Dose. Ich staunte, so etwas hatte ich noch nie erlebt. Dann wurde das Gefäß von Hand zu Hand weitergereicht und zuletzt über Bord gekippt. Natürlich musste jeder auf den

Becher gut Acht geben, weil er mehrfach gebraucht werden musste.

Als ich eine Möglichkeit hatte, nach vorn zu schauen, sah ich in weiter Entfernung eine Landzunge. Einige alte Männer riefen sich zu: „Das ist die Halbinsel Hela!" Mir sagte das nichts. Ich kannte weder eine Insel noch eine Halbinsel. Bald näherte sich uns ein riesiges Schiff. So ein großes Schiff,.....natürlich hatte ich nie eines gesehen. Es erschien mir wie ein hohes, langes, mehrstöckiges Haus. Aber die Menschen, mit denen ich so ganz eng in dem kleinen Schiff stand, machten ängstliche Gesichter. Ich beobachtete das ganz genau. Es kam anscheinend bei keinem eine Freude auf. Ich hörte nicht, das jemand sagte: „Gott sei Dank! Nun werden wir gerettet!", oder etwas Ähnliches. Im Gegenteil, viele standen trotz der Enge zitternd da. Manche weinten sogar. Ich hörte neben mir eine ältere Bäuerin murmeln: „Nicht nur Haus und Hof haben wir verloren, jetzt müssen wir auch noch das Letzte hier lassen." Ich schaute weiter nach vorn. Mich interessierte das große Schiff sehr. Es lag ein Stück abseits von der Halbinsel Hela. Man hatte uns ja gesagt, dass dieses Schiff uns vor dem Einmarsch der Russen retten würde. Daran dachte ich immer wieder. Dann merkte ich, wie das Schiff auf uns zukam. Unsere kleine überladene Barkasse hielt seitlich neben dem großen Eisenkoloss. Gleich begann eine Hektik unter den Flüchtlingen auszubrechen. Von den Marineoffizieren und den Matrosen wurden laute Befehle erteilt. Wir wurden zur Eile angetrieben; denn wir mussten in jeder Minute damit rechnen, dass wir von Flugzeugen angegriffen würden. Die Menschen waren völlig

überfordert. Auch ich mit meinen 11 1/2 Jahren litt. Immer wieder musste ich an unsere Pferde denken. Wer würde für unsere tapferen Braunen sorgen?
Ich schaute am Rumpf des großen, großen Schiff nach oben. Ich sah den Namen "URUNDI", so hieß das Schiff. Aber die meisten Menschen achteten nicht darauf. Wir mussten jetzt alle an einer senkrechten Strickleiter hochklettern. Manche Frauen und Kinder schrien ängstlich. Als ich fast oben war, fiel ein Kind rücklings herab in die bewegte See. Die Mutter schrie und weinte, aber keiner achtete auf sie. Ich war froh, als ich wie die vielen anderen von den Matrosen über die Reling gezogen wurde. Der Vater und andere ältere Menschen wurden im Gepäcknetz hochgezogen. Trotz der großen Unruhe unter den Menschen zeigten die Offiziere und die Matrosen sich sehr hilfsbereit und immer diszipliniert. Unsere Familie erhielt mit anderen Flüchtlingen einen Stock tiefer ein Lager. Hier war für die erschöpften Menschen Stroh ausgebreitet worden. Schnell eignete sich jede Familie ihr kleines Plätzchen an. Sobald unsere Barkasse abgelegt hatte, dröhnten und rumorten die gewaltigen Schiffs-Motoren der URUNDI. Das Schiff fuhr in gerader Linie los. Wo es hinfuhr, wusste ich nicht. Später sagte uns ein Matrose, dass wir vermutlich nach Dänemark steuern würden. Aber sicher könne er das nicht wissen. Einige Schiffe landeten auch an einem der deutschen Häfen. Uns war es egal. Wir hatten uns entschlossen auch den letzten Schritt zu tun, um nicht in die Gewalt der Russen zu kommen.
Etwas abseits in den Ladeluken lagen viele Verwundete. Hauptsächlich waren es Soldaten. Diese armen Menschen jammerten und stöhnten.

Manch einer phantasierte und rief einen Namen. Ich ahnte, dass es sich um die Mutter, die Frau oder einen nahen Angehörigen handeln mochte. Wir merkten bald, dass das gesamte Schiff vollkommen verlaust war. Wir gesunden Menschen konnten uns wehren und kratzen. Die armen Schwerverwundeten litten zusätzlich an diesem bösartigen Ungeziefer. Unter den Gipsverbänden mussten sie teuflische Pein erdulden.

Ich ging mit meiner Schwester Erika noch einmal an Deck. Auch dort lagen oder saßen die Menschen dicht an dicht. Es hieß, wir sollten möglichst an den vorgesehenen Plätzen bleiben. Aber die Neugier ließ uns keine Ruhe. Der freie Blick auf das große, weite Meer, das wollten wir uns nicht entgehen lassen. In ein neues, fremdes Land fahren, wo es keinen Krieg gibt, dass würde für kurze Zeit schön sein. Natürlich wollten wir dann aber bald wieder nach Hause fahren. Meine Schwester Erika erinnert sich noch heute gut daran, dass die "URUNDI" einmal gestoppt hat. Eine Barkasse legte längsseits an und noch einmal kletterten viele Flüchtlinge an Bord. Vielleicht kamen sie aus Pillau?
Wir waren alle durch die anstrengenden Ereignisse des Tages sehr müde. Die Mutter hatte Angst, sie betete unaufhörlich. Natürlich dachte sie auch an Hubert. Ich war zwischenzeitlich eingeschlafen. Vater rüttelte mich auf und sagte, dass wir sofort im Schiff ganz nach unten klettern müssten. Nur die Frauen und Kinder bis zu 10 Jahren dürften oben bleiben. Also mussten wir uns trennen. Vater, Anna, Erika und ich machten uns langsam mit unserer armseligen Habe auf den Weg durch das Schiff. Man wies uns an, in den Laderaum zu steigen.

Die "URUNDI" war nämlich ein Bananen-Frachter und hatte, wie ich heute weiß, 5791 BRT.
Eine senkrechte Eisenleiter führte tief in den Bauch des Schiffes hinab. Vater und die Schwestern stiegen zuerst hinunter. Müde und schlaftrunken ergriff auch ich die kalte Leiter. Aber, o Schreck, ich trat daneben und fiel bis tief nach unten. Dort lag ich nun jammernd auf dem Eisenboden. Das Steißbein schmerzte mir, dass ich fast keine Luft bekam. Aber keiner kümmerte sich um mich. Nach einiger Zeit kam Anna und suchte mich. Mit starken Schmerzen ging ich hinter Anna her. Es war ziemlich dunkel. Mitten im Laderaum war eine Erhebung von etwa 1.7o m, die zum Maschinenraum gehörte, aus der ein starkes Dröhnen kam. Da mussten wir noch herüber steigen. Dann fand ich Vater und Erika. Auch Erika war ein Stück von der hohen Leiter gestürzt. Ich hatte eine unruhige Nacht. Die Schmerzen am Steiß und am Arm ließen mich kaum schlafen. Es war wohl mitten in der Nacht, als das Schiff plötzlich heftig zu rucken begann. Die Maschinengeräusche veränderten sich stark. Das Schiff versuchte abzubremsen. Sehen konnte man nichts, aber ich hörte die Matrosen sich laut zurufen. Das Schiff blieb stehen. Es dauerte eine Stunde oder länger, bis der Koloss sich wieder langsam vorwärts bewegte.
Wir hockten und lauschten. Hier unten hatten wir kaum Stroh, um zu lagern. Wir froren und zitterten vor Kälte. An die eiserne Wandung mochten wir uns nicht mehr anlehnen. Erika kletterte noch einmal über den hohen Eisenbogen des Maschinenraumes. Sie wollte mal zur Mutter und Dorothe. Später berichtete sie uns, dass die Mutter voller Angst gewesen sei. Die Unruhe, die mit dem Stoppen des Schiffes verbunden gewesen war, die ständige

Gefahr, von feindlichen U-Booten mit Torpedos angeschossen zu werden, all das hatten Mutters Nerven nicht mehr aushalten können. Tatsächlich waren auch in der Nacht Minensuchboote gekommen, hatten eine Mine entschärft und dann unser Schiff weiter begleitet.

Am Morgen des folgenden Tages wollte ich mit meiner Schwester die Toilette aufsuchen. Das war kaum möglich. Erika spürt noch heute den Ekel, den sie damals bei dem entsetzlichen Chaos empfunden hat. Für die vielen, vielen Menschen, - waren es hunderte, oder tausende? - ich weiß es nicht,-- gab es nicht mehr als drei Toiletten. Wir waren ja auf einem Bananen-Dampfer und nicht auf einem Passagierschiff. Wohin sollten die Menschen in ihrer Not? Durch die wochenlange unregelmäßige Ernährung litten viele an Durchfall. Andere konnten die Schiffsbewegungen nicht ertragen. Sie waren seekrank geworden. und mussten sich mehrfach übergeben. Der Weg zu diesen Toiletten war mit Erbrochenem und mit Kot verschmiert. Für die Frauen wird es am peinlichsten gewesen sein. Einige von ihnen und auch die Kinder hatten ihre Notdurft irgendwo hinterlassen. Die Matrosen waren immer wieder bemüht, "klar Schiff" zu machen. Trotzdem war und blieb es ekelhaft. Wir lebten eingeengt, zusammengepfercht. Das eine Problem war die Toilette, das andere das Essen.

Wir bekamen jedoch genug zu essen. Dazu mussten wir alle an Deck klettern. Viele der an Übelkeit leidenden Menschen vermochten nichts zu sich zu nehmen. Ich aber habe gegessen. Mein Magen fühlte sich gesund an, er hat nicht rebelliert. Dorothe erinnert sich noch an die Unruhe, die auf dem Schiff

geherrscht hat. Ein Kind hat sich dadurch mit heißem Tee verbrüht. Im Verlauf des Tages sahen wir Land. Man sagte, wir näherten uns der Stadt **Kopenhagen**. Unser Schiff machte langsame Fahrt und legte dann seitlich an einer Kaianlage an. Ich glaube, alle diese armen Manschen waren froh, das Schiff verlassen zu können, obwohl keiner wusste, wohin der weitere Weg führen würde. Ich freute mich an den sauberen Hafenanlagen. Erinnerungen an die brennende und zerbombte Hafenstadt Danzig stiegen wieder in mir auf. Die Bilder der Toten sah ich, die neben mir gelegen hatten, als ich müde mit den beiden schweren Pferden die Feldküche fuhr, weiter, immer weiter.... Ich fragte mich bange, ob dieses: "Weiter!" jetzt aufhören würde.
Einige deutsche Soldaten standen unten am Kai. Nach kurzem Gespräch mit Offizieren unseres Schiffes wurde ein Teil der verwundeten Soldaten vom Schiff getragen. Wir kletterten nach oben auf die frei gewordenen Plätze der Soldaten und hofften, dass wir so eher vom Schiff herunter kämen. Wahrscheinlich haben wir uns dort die Läuse eingefangen. Später durfte auch ein geringer Teil der Flüchtlinge von Bord gehen. Wir wussten nicht, nach welcher Ordnung alles vonstatten ging. Doch es verlief alles ruhig und diszipliniert. Ich weiß noch, dass es auf dem Schiff Platz gab und wir alle uns erleichtert fühlten.

Silkeborg - Haus "Lunden"

Niemand aus unserer Familie hätte je gedacht, dass das Land Dänemark in unserem Leben einmal eine so große Rolle spielen sollte. Schließlich folgten nach der Rettung über die Ostsee noch 2 1/2 Jahre Internierungslager in Silkeborg und Oksböl. Die

Erinnerungen an diese Zeit sind in uns nie ganz verblasst.

Dänemark war seit dem 9. April 1940 von deutschen Truppen besetzt. Heute lese ich bei „Auf Führerbefehl in Dänemark" von Arne Gammelgaard, dass Hitler am 04. 02. 1945 den Befehl gegeben hat, die Flüchtlinge aus dem Osten nach Dänemark zu schaffen, ganz gegen den Willen der Dänen.

Damals wurden wir von Kopenhagen aus mit dem Zug weiter transportiert. Wir saßen in einem Waggon mit brauen Holzbänken. So ähnlich waren wir auch manchmal im Zug von Freimarkt bis Heilsberg gefahren. Diese Fahrt in Dänemark dauerte nicht sehr lange. Deutsche Soldaten begleiteten uns. Doch diese für uns so angenehme kleine Reise war lebensgefährlich. Später erfuhren wir, dass rachsüchtige Dänen unter die Gleise eine Mine gelegt hatten, die jedoch nicht hochgegangen war. *An Hand der Karte erkenne ich heute, dass wir auch mit einer Fähre gefahren sein müssen. Aber daran erinnern sich auch meine Geschwister nicht mehr.*

Am Bahnhof der **Stadt Silkeborg** hielt der Zug. Für uns hieß es aussteigen. Mit unserem dürftigen restlichen Gepäck ging unsere Gruppe durch die Stadt. Die dänische Bevölkerung muss geglaubt haben, dass hier eine große Gruppe Strafgefangener vorbei geführt wurde. Doch ein großer Teil dieser Menschen waren Kinder und diese kleinen, schlecht gekleideten Kinder konnten doch nicht Gefangene sein.

Ich schaute gespannt nach links und rechts. Hier war alles sehr sauber. Hier gab es keine Bombentrichter, keine zerstörten Häuser, keine toten, zerschundenen

Pferde. Hier blühten schon Frühlingsblumen in den Vorgärten. All das kannten wir schon nicht mehr. Wir gingen weiter in Richtung Innenstadt. Vor einem größeren Haus, ich meine es war ein Gasthaus, ließen die Soldaten uns anhalten. Im Erdgeschoß war ein großer Saal ganz mit Strohlagern ausgelegt Im hinteren Bereich war eine Art Bühne. Die Soldaten ordneten den einzelnen Familien Plätze zu. Hier durften wir uns niederlassen. Wir waren etwa 200 bis 250 Menschen, die hier dicht an dicht versuchten, sich auf dem harten Lager einzurichten. Apathisch und müde lagen wir da. Endlich ausruhen, keinen Geschoßlärm mehr hören, die Augen schließen und lange, lange schlafen, das war das Bedürfnis von uns allen.

Mit meiner Schwester Dorle erkundete ich später den Hof. Einige Stufen führten hinunter auf einen freien Platz. Dort war ein kleiner Musik-Pavillon. Ich sah einige Blumenbeete und einen See mit Enten. Ich glaube, das Haus hatte 1 oder 2 Stockwerke. Aber wir durften dort nicht hinauf gehen. Dorothe meint heute, dass das Hotel **den Namen "Lunden"** gehabt habe.

Während ich meine Erlebnisse aufarbeitete, kam in mir der Wunsch auf, mit meiner Frau noch einmal nach Silkeborg zu fahren, um nachzuforschen, Spuren zu suchen und neue Eindrücke zu bekommen. Nachdem wir zunächst brieflichen Kontakt zum Lokal-Archiv Silkeborg aufgenommen hatten, fuhren wir am 20. 09. 2005 dort hin. Wir wurden sehr freundlich von der Bibliothekarin Frau Hanna Arent aufgenommen, konnten reichlich Informationen nachlesen, Fotos anschauen, Daten vergleichen und sehr viel erzählen. Mit Hilfe eines Stadtplanes

fanden wir tatsächlich das jetzige Bürgerhaus "Lunden". Es liegt in der Straße: Vestergade.
Es stiegen sehr gemischte Gefühle in mir auf, als ich das große schöne Gebäude fast genau so wieder sah, wie wir es 1945 etwa einen Monat lang bewohnt hatten. Zu gerne hätte ich jetzt meine Schwestern bei mir gehabt.
Ja, es gab gute und schlechte Umstände im Haus "Lunden". Wir brauchten nicht mehr fliehen, wir waren keine Flüchtlinge mehr, aber wir hatten kein Zuhause, keine Heimat. Zum Glück erhielten wir genügend zu essen. In diesem Zusammenhang weiß Dorle noch, dass ein Mann, als es zu essen gab, 12 Eier auf einmal gegessen hat. Anschließend hat er sich auf dem Stroh erbrochen. Es war ekelig. Sie selbst hatte in diesen Tagen starkes Fieber und sehr heftiges Nasenbluten. Danach war es ihr, „als ob alles herausgekommen wäre", so hat sie es ausgedrückt. Die hygienischen Umstände für diese vielen Personen auf engem Raum waren unvorstellbar. Die Toiletten und Waschmöglichkeiten waren nicht ausreichend, zumal einige Leute an Durchfall litten.
Hinzu kamen die schrecklichen Läuse, die jeder von uns von der URUNDI mitgebracht hatte. Wir hatten nicht genug Seife. Jeder von uns hatte auch nur noch einen Teil Unterwäsche. Wie und wo sollte gewaschen werden? Zu allem Unglück hatte mich auch noch die Krätze befallen. Vermutlich kennt nicht jeder von Euch dieses Krankheitsbild. Natürlich kannten wir so etwas von Zuhause auch nicht. Krätze, lateinisch "Skabies", ist eine leicht übertragbare Hautkrankheit. In die Haut bohren sich Krätzmilben und machen dort lange Gänge für ihre Eier und ihren Kot. Das führt zu ständigem Juckreiz

und andauernden schweren Entzündungen. Bei mir hatten sich diese Viecher von der Leistenbeuge bis zum Oberschenkel verbreitet. Der Juckreiz quälte mich Tag und Nacht.

Es war traurig: gegen Krätzemilben, Kleider- und Kopfläuse war die deutsche Führung angeblich machtlos. Aber stattdessen musste das so genannte "Jungvolk" bis zum bitteren Ende weiter marschieren. Bekanntlich war Dänemark zur der Zeit vom deutschen Militär besetzt. Schon nach einer Woche wurden wir Jungen alle aufgefordert, uns in der HKaserne einzufinden, die in der Nähe war. "Befehl war Befehl!", etwas anderes gab es in dem damaligen Staat nicht. Die meisten der gleichaltrigen Jungen hatten schon zu Hause bei ihrem Jungvolkführer das Strammstehen und den Gleichschritt geübt. In unserem kleinen Dorf Kaschaunen galt das noch nicht für alle. Hier in einem fremden Land hatten wir nun einen deutschen Soldaten, der uns ausbilden sollte. Ich glaube, es war ein Gefreiter oder Obergefreiter. Er hatte eine große Narbe im Gesicht. Auf dem Kasernengelände wurden wir als letzte Reserve für das "Großdeutsche Volk" ausgebildet. Mager und geschwächt mussten wir in gerader Haltung strammstehen. Immer wieder hieß es: „Hinlegen!", „Aufstehen!", „Hinlegen!", „Aufstehen!" und dann „Im Gleichschritt ...Marsch!". Sicher hat es schon früher junge Soldaten gegeben, denen der Gleichschritt nicht gelang. Auch dem kleinen Gregor aus Kaschaunen wollte es nicht gelingen, war er doch zu allem von schrecklichem Juckreiz geplagt. Aber der strenge Ausbilder kannte kein Erbarmen. Als die anderen schon zurück zu ihren Eltern gehen durften, musste ich allein auf dem großen Kasernengelände noch eine ganze Stunde weiter den Gleichschritt üben. Damals war ich furchtbar wütend. Heute frage ich mich müde lächelnd, mit wem sollte ich eigentlich "gleichen Schritt gehen"? Es war doch gar keiner da, der mit mir im gleichen Schritt und Tritt ging? Dieser verständnislose Mann wusste nicht, was er einem Kind antat. Aber es hat dann nicht mehr lange gedauert, der 8. Mai war nicht mehr fern, und von da an war es aus mit dem Exerzieren.

In diesem ersten Lager hatten wir die Erlaubnis zum Ausgang. Die Eltern bekamen auch etwas dänisches Geld. Das hat die Mutter bald genutzt, und ist mit Dorothe in die Stadt gegangen, um für sich selbst endlich ein Kleid zum Wechseln zu kaufen, ein Sommerkleid. Diesen schönen Tag hat Dorle auch nicht vergessen.

<u>Etwas getröstet</u>

Schon gleich in den ersten Tagen in Dänemark sagte unser Vater, dass es wohl in diesem Land keine katholische Kirche gäbe. Da war unsere Mutter aber traurig. Trotzdem erkundigte sie sich bei einem Soldaten. Der Mann war sehr freundlich zu Mutter: „Machen Sie sich keine Gedanken. Hier im Ort ist eine kleine katholische Kirche." Er beschrieb uns den Weg. Schon am nächsten Sonntag ging Mutter mit uns zum Gottesdienst. In der Sakristei trafen wir den Pfarrer Preuß. Er war Deutscher und sehr freundlich. Er erkundigte sich nach unserem Herkommen und wie lange wir auf der Flucht gewesen wären. Uns tat diese Anteilnahme und Warmherzigkeit sehr gut. Nach dem Gottesdienst gingen wir erleichtert und getröstet mit Mutter zurück in das Strohlager.

Das enge Zusammensein mit den vielen fremden, unruhigen Personen war unangenehm und beängstigend. Doch plötzlich sah Vater unter all den Fremden ein bekanntes Gesicht. Die junge Familie Dobschinski aus unserem Nachbardorf Bürgerwalde begrüßte uns mit großer Freude. Ich konnte merken, dass besonders die Erwachsenen sich freuten, altvertraute Menschen um sich zu haben. Mir ist nicht bekannt, ob Flüchtlinge sich untereinander bestohlen haben. Trotzdem haben unsere Eltern immer darauf geachtet, dass zumindest einer auf unsere letzten Sachen aufpasste. Manchmal hat auch jemand von Dobschinskis auf unseren Platz geachtet, wenn wir gemeinsam aus dem Haus gehen mussten.

Die Familie Dobschinski hatte ein besonderes Leid zu tragen. Innerhalb nur weniger Tage sind ihre beiden Kinder verstorben. Ja, das war ein großer Schmerz für die Eltern. Zwei liebe Kinder hatten sie, und nun so ein Ende. Zu Hause hatten sie einen schönen, großen Hof. All das mussten sie lassen, die Tiere und dann später noch die Pferde. Aber auch das Liebste wurde ihnen genommen. Lange, lange weinte Frau Dobschinski.

Jeden Morgen erfuhren wir, dass irgendwo ein Toter auf dem Stroh lag. Direkt neben schlief eine etwa 65 - 7o jährige Bauersfrau. Sie war sehr wortkarg, aber manchmal hat sie mit mir gesprochen. Eines Morgens fühlte ich etwas Kaltes auf meinem Lager. Da lag nun meine stille Nachbarin, hager, grau und starr. Warum nur? In diesen wenigen Wochen bis zum 8. Mai 1945 gab es keine Kinder mehr unter 5 Jahren und auch keine alten Menschen, die über 70 waren. Nur ein einziges Kind unter 6 Jahren hat die Strapazen überlebt. Die nervliche Belastung, die verschiedenen Krankheiten, die Kälte und vor allem die Traurigkeit, all das konnte ein Großteil der früher so robusten ostpreußischen Menschen nicht ertragen. Immer niederdrückender wurde für uns alle das Leben. Angesichts der vielen Todesfälle wurden viele Leute bedrückt und kraftlos. Auch das Essen wurde von Tag zu Tag schlechter. Wir sehnten uns nach Gemüse, wie Rüben, Karotten oder ähnlichem.

Der Krieg ist aus

Viele Menschen stellten sich die Frage: Wann hört das endlich für uns auf? Eines Tages kam die Nachricht: „ Der Krieg ist bald zu Ende!" Es war der 5. Mai 1945, ein schöner, sonniger Tag. Besonders wir durch die Flucht so Gequälten konnten die Freude nicht laut genug ausdrücken. Endlich würde es zurückgehen in unser geliebtes Heimatland, in unser Dorf.

Aber wir mussten noch warten. Von den Soldaten hörten wir, dass es einige Straßen weiter ein Depot mit deutscher Militärkleidung gäbe. Wir Jungen machten uns sofort auf den Weg. In diesem Haus lag bis zur Decke gestapelt militärisches Ausrüstungsmaterial. Mit noch anderen Jungen und auch mit einigen Frauen kletterten wir auf den Stapeln herum. Da gab es Kochgeschirre, Essbestecke, Rucksäcke (sogen. Affen) und auch vereinzelt Bekleidungsstücke. Der Vater wollte jedoch keine Militärbekleidung. Es sagte, dass er im 1. Weltkrieg lange genug diese Bekleidung getragen hätte. Ich brachte aber zufrieden zwei gut erhaltene Affen und ein Kochgeschirr mit ins Lager.

Mit dem Tag der Kapitulation am 8. 5. 1945 änderte sich alles. Auch die Vorstellung, dass es nun bald nach Hause zurückginge, war allerdings ganz falsch

gewesen. Die deutschen Soldaten, die uns bisher betreut hatten, sahen wir nicht mehr.
Heute weiß ich, dass sie bereits nach Deutschland zurückgeführt worden waren. Die großen Häuser, Hotels, Gaststätten usw. die die Deutschen für die Aufnahme der Flüchtlinge beschlagnahmt hatten, wurden der Bevölkerung zurückgegeben.
Schon nach wenigen Tagen bewachte uns die dänische Polizei. Wir mussten alle immer dicht am Haus bleiben. Man verbot uns, wie bisher zum See hinunter zu gehen. Erika sagt, dass die Mutter dies damals sehr bedauert habe, weil man sich dort unten nun nicht mehr hätte waschen können. Plötzlich wurden alle nichtdeutschen Insassen aufgefordert, sich zu melden. Sie sollten in ihre Heimatländer zurückgeschickt werden. Bei uns war ein junges Mädchen, eine Studentin aus Königsberg. Sie stammte aus Riga. Sie kam weinend zurück, denn sie sollte nach Lettland abtransportiert werden, das inzwischen zur Sowjetrepublik gehörte, und obwohl man wusste, dass ihr dort das Allerschlimmste bevorstand. Was wird aus ihr geworden sein?
Dann hieß es, wir sollten unsere Sachen packen und aus dem Haus "Lunden" ausziehen. Dänische Polizei begleitete uns in ein Wald- und Feldgebiet am Rande von **Silkeborg.** In der Stadt schrien uns dänische Jugendliche hässlich an. Sie spuckten vor uns aus und schrien: „ Tyske Sweine!" Wir Jungen konnten diese Frechheiten nicht verstehen und hätten uns am liebsten gewehrt. Aber die dänische Polizei tat so, als sähe sie nichts. Wir wurden in ein Barackenlager geführt, dass mit hohem Stacheldraht umzäunt war. Schnell wurde uns klar, hier gibt es keine Freiheit mehr. Das hier ist ein Gefängnis. Dänische Freiheitskämpfer bewachten uns streng.

Am Rande des Waldes lag ein Feld oder eine Wiese. Wir sahen, wie sich dänische Jugendliche dem Lagerzaun näherten. Sie hatten ein Katapult dabei und begannen auf uns mit Steinen zu schießen. Schon begannen wir Kinder wieder mit erneutem Krieg. Es dauerte nicht lange, am nächsten Tag hatten auch wir ein, zwei Zwillen. Aufgestaute Wut, Enttäuschung und Hilflosigkeit ließen uns in den nächsten Tagen regelrechte Kriegsstrategien aufbauen. Die Dänen hatten sich ein gestütztes Holzgestell zur sicheren Abwehr aufgebaut. Aber auch wir hatten inzwischen genügend Zwillen und ein Jagdwaffen ähnliches Rohr, durch das wir Pfeile abschießen konnten. Dann war es soweit. Wir ließen einen der vorlauten dänischen Jungen in Ruhe an uns herankommen. Er schoss auf uns und trat dann schnell hinter sein schützendes Holzgestell. Aber als er meinte, wir wären weggelaufen, gab es mit unseren Zwillen kräftig Feuer. Der Däne verkroch sich schleunigst wieder, denn einige unserer Zwillen hatten Eisenstifte. Sobald er wieder hervorlugte, bekam er Feuer. Auch während des Mittagessens hatten wir einen Wachtdienst. Der mutige, freche Däne musste bis zur Dunkelheit warten, ehe er sich heil davon schleichen konnte. Dann haben sie uns in Ruhe gelassen. Leider gab es in diesem Lager keine Ausgangserlaubnis für uns. Doch worunter besonders die Eltern litten war, dass es keinerlei Post gab und keine Nachrichten von außen. Nach drei bis vier Wochen wurde auch dieses Lager wieder aufgelöst.

Internierungslager Silkeborg-Bad

Inzwischen war Sommer geworden. Es wird es ungefähr um den 10. Juni 1945 gewesen sein. Wir wurden in ein etwas größeres Barackenlager nach **Silkeborg-Bad** verlegt. Auch hier standen Holzbaracken mit gemauertem Fundament. Das ganze Lager befand sich in einem schönen Mischwald. Ich habe mich über die Bäume gefreut. Wir hatten keine Möglichkeit, dänischen Menschen zu begegnen. Wie vorher in dem kleinen Lager, so wohnten wir hier wieder - Gott sei Dank - mit dem befreundeten Ehepaar Dobschinski in einem Zimmer zusammen. Meine Schwester Dorothe weiß heute noch, dass es in der Baracke Nr. 11 war.

Gleich nachdem wir unser Zimmer belegt hatten, spürten wir ein neues Unheil. Und richtig, sobald es dunkel wurde und wir uns in den schmalen doppelstöckigen Betten niedergelegt hatten, wurden wir gepeinigt. Aus den Holzritzen der Wände kamen massenweise bräunliche Wanzen heraus. Sie rochen unsere Körper und liefen an unseren Köpfen und Händen entlang. Dann dauerte es nicht lange und schon hatten sie über unsere Unterwäsche die warmen Körperteile erreicht. Die warme Haut ist für diese gierigen, hungrigen Viecher ein Labsal. Erst beißen sie und dann saugen sie das Blut. Gerade, wenn ich im ersten Tiefschlaf war, kamen sie in Horden an. Als Kind hatte ich einen festen, gleichmäßigen Schlaf. Hören konnte man diese kleinen Tiere nicht. Aber am nächsten Morgen war ich an vielen, vielen Stellen zerbissen und blutig. Herr Dobschinski litt am stärksten von uns allen. Wir hatten zwischendurch immer wieder einmal eine ruhige Nacht. Doch unser Zimmernachbar wurde jede Nacht furchtbar gemartert. Sein Körper war am Morgen voller kleiner blutiger Wunden. Er versuchte sich zu helfen, und band sich abends einen nassen Schal um den Hals, um die Tiere abzuhalten.

Aber auch das half nur wenig. Er tat mir sehr leid. Es war, als ob sie sein Blut am liebsten mochten.

Ja, das Lagerleben in Silkeborg-Bad war für uns alle besonders schwer. Die Läuse krabbelten in unsere Kleider und unsere Haare. Die Krätze juckte und wollte nicht heilen und nun quälten uns auch noch die Wanzen.

Das ganze Lagergelände war eingezäunt mit einem 2 1/2 m hohen Stacheldrahtzaun. Auf beiden Seiten lagen außerdem große Rollen Stacheldraht. Außerhalb des Zaunes liefen bewaffnete Posten Streife. Unsere Dorothe ist einmal beim Spielen in den Stacheldraht gefallen. Diesen Schreck hat sie nie mehr vergessen. Doch es ist ihr auch eine gute Erinnerung geblieben: Einmal, als sie ganz allein am Zaun spielte, fiel ihr plötzlich ein Päckchen vor die Füße. Es war ein eingewickeltes, leckeres Butterbrot: „Das beste Käsebrot der Welt!" Voller Freude schaute sie sich um. Aber da sah sie nur einen Posten vorbeigehen mit undurchdringlichem Gesicht. Den Dänen war nämlich jeglicher Kontakt zu den Flüchtlingen verboten. Auch die Flüchtlinge sollten nach der bestehenden Lagerordnung 3 m Abstand vom Zaun halten.

Das Essen war ein großes Problem. Es war zu wenig und einseitig. Wir hatten immer Hunger. Während des ersten Jahres bestanden unsere Mahlzeiten im Internierungslager ausschließlich aus dünner wässeriger Suppe. Ich vergesse nie, dass wir gegen Ende des Winters 1946 das erste Mal jeder 2 Pellkartoffeln bekommen haben. Wir standen in einer langen Schlange an und neben mir stand ein ehemaliger Fischer aus Tolkemit (Tolekmiko), ein großer Mann. Ich konnte sehen, dass von seinen zwei Kartoffeln eine vollkommen faul war. Mit schleifendem Schritt ist er traurig in seine Baracke zurückgegangen.

Auch Dorothe weiß, dass die Milchsuppe bläulich ausgesehen hat, weil sie mit viel Wasser verdünnt war. Sie sagt, es hätte auch Grütze gegeben oder dünne Gemüsesuppe. Manchmal sei Pferdefleisch darin gewesen, --ekelig! Von einigen alten Leuten, die nicht mehr so viel essen konnten, hätte sic manchmal Brot bekommen. Die Mutter hätte es geröstet und so haltbar gemacht. Einmal wären aus der Küche viele angefaulte Möhren heraus geworfen worden. Da habe sie sich mit den anderen aus der Matsche noch die essbaren Stücke herausgesucht. Bei dieser unzureichenden Ernährung hatte man wenige Abwehrkräfte und konnte nicht gesund werden. Bei einer Reihenuntersuchung hat Dorothe nur 48 Pfund gewogen, obwohl sie schon 11 Jahre alt war.

Der Lagerleiter

Eine besonders negative Erinnerung haben meine Schwestern und ich an unseren Lagerleiter. Er hieß Rasmussen. Er war zu uns Deutschen sehr streng und abweisend. Er hatte ein Motorrad mit Beiwagen. Damit fuhr er täglich mehrmals durch das Lager. Neben ihm saß sein großer Schäferhund. Herr Rasmussen hatte nie ein freundliches Gesicht, er war immer ernst und machte den Eindruck eines Feldherrn. Er besaß eine Peitsche und eine Trillerpfeife. Damit schüchterte er die Leute ein und verängstigte sie. Jeden Abend ließ er alle Erwachsenen auf dem Flur antreten. Dann wurde der Vollzähligkeitsappell durchgeführt. Es war ganz egal, ob es sich um eine gebeugte alte siebzigjährige Oma handelte oder um ein junges siebzehnjähriges Mädchen, alle mussten rechtzeitig erscheinen.

Wehe, wenn etwa eine junge Frau unter dem Zaun durchgeklettert war und fehlte, dann hatten wir alle solange zu warten, bis sie verspätet kam. Diese lästige Überprüfung hat nach etwa zwei Monaten zum Glück aufgehört.

Es war für mich sehr aufschlussreich, bei meinen Nachforschungen 2005 in Silkeborg zu hören, dass Herr Rasmussen selber zwei Jahre im KZ unter den Deutschen viel gelitten hatte, ehe man ihm das Amt des Lagerleiters übertrug. So kann ich mir heute sein Verhalten durchaus erklären.

Die Kirche
Die Lagerordnung war ziemlich streng. Unsere Mutter musste sehr lange warten, bis sie und Frau Strehsau, ihre gute neue Nachbarin, einen Passierschein bekamen, um den Weg zur kath. Kirche machen zu dürfen. Der dänische Pfarrer Dutschke hatte nämlich beim Lagerleiter zwei Frauen zur Kirchenreinigung angefordert. Jeder kann sich vorstellen, wie froh die beiden sich auf den Weg gemacht haben. Im Gemeindehaus wohnten auch der deutsche Pfarrer und zwei deutsche Ordensschwestern. Mutter und Frau Strehsau waren glücklich, endlich mal wieder in einem Gotteshaus beten zu können und zur Ruhe zu kommen. Natürlich haben sie fleißig geputzt und anschließend gab es bei den Schwestern ein reichhaltiges Mittagessen. Dorothe und ihre Freundin Johanna Strehsau durften auch zweimal mitgehen. Das war für meine Schwester eine unvergessliche Freude, besonders das Essen. Ich wäre auch zu gerne mitgegangen, aber es gab nur für zwei Kinder die Erlaubnis. Viele Leute wissen heute nicht mehr, was Hunger bedeutet. Meine Schwestern und ich vergessen diese Jahre des Überlebens nie.

Die Ordensschwestern waren sehr freundlich. Beim Verabschieden schenkten sie Dorle ein schönes Sommerkleid, es war weiß und das Vorderteil war bunt bestickt. Solche Dinge vergisst man nicht.

Ich konnte im Herbst 2005 mit meiner Frau noch einmal die kleine kath. Kirche in Silkeborg aufsuchen. Tatsächlich, sie steht noch heute kaum acht Minuten vom Haus "Lunden" entfernt. Sie war geöffnet. Jemand spielte auf der Orgel. Wir saßen still da und ich dachte an die Jahre 1945/46 und an die über 60 Jahre, die mir inzwischen noch geschenkt worden sind. Auch unsere Mutter, war mir ganz gegenwärtig. Anschließend machten wir uns langsam und ruhig auf den Weg zum nahe gelegenen Friedhof. Ohne Mühe fanden wir an der hinteren Seite das gepflegte Gräberfeld der Flüchtlinge. Es war schon vor Jahren im Rahmen der Deutschen Kriegsgräberfürsorge erstellt worden. Immer wieder berühren mich die langen, gleichmäßigen Reihen der Soldatengräber. Aber hier ist es doch etwas anderes. Hier waren die Toten meistens Kinder und alte Menschen, die das Leid der Flucht und des Hunger nicht überstanden haben. Ich las die Namen, und Gesichter stiegen in mir auf. Dann fand ich auch das Grab der beiden kleinen Kinder der Familie Dobschinski aus unserem Nachbardorf Bürgerwalde.

Das Lager damals und heute

Am 21. 09. 2005 hatten wir auch das große Glück Herrn Dan Mouritzsen kennen zu lernen. Er ist als Kind in unmittelbarer Nähe des damaligen Flüchtlingslagers Silkeborg Bad aufgewachsen. Er hat das Buch geschrieben: "Gefechtsstand Silkeborg Bad", in dem er sehr ausführlich über das deutsche Militär in Dänemark und auch über die

Flüchtlingslager berichtet. Er und seine Frau, die sehr gut deutsch spricht, haben uns die Überreste des deutschen Militärlagers gezeigt, in welchem wir 1945/46 als Flüchtlinge gelebt haben.

Das ehemalige Lager "Altstadt", wie es genannt wird, befindet sich südlich der Stadt, in der Straße Gjessövej Nr. 40. Heute ist hier ein bedeutendes "Kunst Centret". Von dem Waldgebiet, das ich in Erinnerung habe, sah ich zunächst nur noch einen sehr gepflegten Park. Im Eingangsbereich steht noch gut erhalten die damalige Frauenklinik. Wir konnten uns an einem alten Lageplan orientieren. Interessant waren für mich zunächst die Bunker, die heute allerdings meistens mit Erde zugeschüttet sind. In einem der Bunker hat Herr Mouritzsen jetzt ein kleines aber beachtliches Kriegs- und Flüchtlingsmuseum eingerichtet. Herr M. interessierte sich sehr für alles, was ich ihm aus meinem Erleben mitteilen konnte.

So wusste ich noch, dass einer dieser großen Betonklötze damals als Arrestzelle eingerichtet worden war. Unserem Vater wurde die Arbeit eines Heizers zugeteilt. Es kam immer wieder vor, dass Flüchtlingsmädchen oder auch Frauen unter dem Zaun eine Lücke fanden, um sich mit dänischen Männern zu treffen. Wurden sie erwischt, erhielten sie Bunkerarrest. Auch der Diebstahl von Brettern oder das Abholzen der Bäume war streng verboten. Im kalten Winter 1945/46 hockte jeder mit seinem Mantel im Barackenzimmer. Doch einige mutige versuchten Brennmaterial zu ergattern. Ja, das führte oft zu Arreststrafen. Beim Vater hatten sie zwar eine wärmere Unterkunft, aber dafür wurde den hungernden Menschen ihre Verpflegung noch weiter gekürzt. Ich meine, die Arbeit war für Vater nicht schwer. Und was das Beste daran war: hin und wieder erhielt Vater von den dänischen Posten das, was sie von ihrer Mahlzeit übrig hatten. Zweimal war von der Küche dem Wachpersonal irrtümlich zu viel geliefert worden. Diese guten Mahlzeiten durfte der Vater essen. Auch für uns hat er noch eine gute Portion mitgebracht. Ganz besonders deutlich erinnere ich mich daran, dass er einmal einen Becher mit süßem Milchreis bei sich trug. Könnt Ihr Euch vorstellen, wie wir alle heimlich zusammen gekrochen sind, damit nur ja die anderen in der Baracke nichts merkten? Fünf magere hungrige Personen --, da blieb nicht viel übrig.

Und noch etwas Freudiges stieg wieder in mir auf, als ich die Bunker sah:

An einem Tag besuchte ich Vater. Irgendetwas wollte ich ihm erklären, ihm aufschreiben, aber ich hatte ja kein Stück Papier. So versuchte ich mit einem Stock etwas auf die Wand zu kratzen. Das sah der dänische Posten. Er schenkte mir zwei Blatt richtiges Schreibpapier. Und das war noch nicht alles. An der Wand hing ein alter Bürokalender aus dem vergangenen Jahr 1945. Diesen Kalender schenkte mir der Soldat ebenfalls. Reich und überaus glücklich ging ich zurück in unser Zimmer. Den länglichen dicken Kalender habe ich mühselig in zwei Teile zerschnitten. Einen Teil habe ich zum Briefmarkenalbum gemacht. Das war die Geburtsstunde meiner Briefmarken-Leidenschaft, die ich bis heute hege und pflege. Unter den Lager-Bedingungen erforderte das Sammeln von Marken vielerlei Geschick und an jeder Marke klebte oft eine lange, traurige Geschichte. Als wir endlich Anfang April 1946 Post nach Deutschland senden durften, schickte Mutter sofort ein Lebenszeichen an unsere vereinbarte Adresse, nämlich Onkel Leo und Tante Maria Boenigk in Berlin. Unsere bangen Fragen waren: Haben sich unsere Kinder bei Euch gemeldet? Gott sei Dank erhielten wir im Mai Nachricht: Agathe, Luzia und Martha waren in Deutschland in Sicherheit. Doch von Hubert, Mita und Hedwig wussten die Verwandten auch nichts. Manche Lagerinsassen erhielten freudig Antwortbriefe. Andere waren dagegen sehr niedergeschlagen, wenn ihr eigener Brief mit dem Stempel "Nicht erreichbar" zurückgekommen war. Wir Kinder sammelten fleißig nur die Briefmarken. Man fragte hier und dort und ich wagte mich sogar an die Soldaten heran, bei denen Vater im Bunker zu arbeiten hatte. Nach einigen Tagen hatte ich Glück, neben Vaters Arbeitsplatz lagen für mich fünf bunte Briefmarken. Ich muss offen gestehen, wenn ich auch heute noch gute und teure Marken sammele und viel Freude und Abwechslung dabei habe, so hat mir damals jede einzelne Marke ein besonderes Erfolgserlebnis beschert. Darum sind mir meine alten Marken aus Silkeborg so viel wert.

<u>Umziehen nach Baracke 33</u>

Es muss etwa Februar 1946 gewesen sein, als unser Lager vergrößert wurde. Auf einem weiteren Teil des Waldgebietes hatte der dänische Staat viele zusätzliche Baracken bauen lassen. Man sprach davon, dass hier Flüchtlinge aus anderen Lagern eingewiesen werden sollten. Zu der allgemeinen Unruhe hatte sich unser Lagerleiter wieder einmal etwas Besonders ausgedacht. Er befahl, dass alle Bewohner aus ihren bisherigen Baracken ausziehen und umziehen sollten. Er wollte offenbar nicht, dass wir uns heimisch fühlen sollten. Auch wir und die

Familie Dobschinski wurden auseinander gerissen. Darüber waren wir sehr traurig. Als ich mit meinem Affen-Rucksack auf der Lagerstraße entlang ging, sah ich neben mir einen älteren Mann mit seiner Decke zu seiner neuen Baracke schlürfen. Aber er schaffte es nur 100 bis 200 m, dann taumelte der Mann und fiel zu Boden. Ich sprang hin und versuchte, ihm beim Aufstehen zu helfen. Doch da merkte ich, dass er tot war. Für sein altes Herz war die Aufregung zu groß gewesen. Ich dachte darüber nach, dass er hier eben seinen letzten Schritt getan hatte. Uns wurde die Baracke Nr. 33 zugewiesen, die sich auch in dem erweiterten Gelände befand. Ich sah sofort, dass diese Baracken etwas anders gebaut worden waren. Sie hatten kein gemauertes Fundament, sondern waren auf Holzpfähle gestellt worden. Den Hohlraum unter den Baracken hatte man mit Brettern vernagelt. Die Baracken waren ziemlich groß. Ihre innere Einteilung war so, wie wir es schon kannten. Sie hatten mehrere Zimmer, die rechts und links auf einen Mittelgang mündeten. Der Mittelgang hatte vorn und hinten eine Eingangstür. Jedes Zimmer hatte fünf Doppelstock-betten, also für zehn Personen. Zu uns ins Zimmer wurde Familie Uhlmann einquartiert. Ich kann heute nicht mehr sagen, ob sie Kinder hatte. Jedenfalls waren es keine Gefährten in meinem Alter, denn das würde ich bestimmt noch wissen. In jeder Baracke wurde ein "Ältester" oder eine "Älteste" gewählt. Diese Person bekam das erste Zimmer am Eingang. Ihre Aufgabe war es, tägliche Unstimmigkeiten zu klären oder dem Lagerleiter zu melden. Unser eintöniges Lagerleben bekam etwas mehr Abwechslung. Anna durfte sogar später eine Arbeitsstelle in der Küche annehmen. Arbeit in der Küche war ein begehrter

Platz. Hier konnte man sich genügend satt essen. Natürlich durfte das Küchenpersonal nichts mit in die Baracken nehmen. Trotzdem weiß ich noch ganz genau, dass Anna mir zweimal etwas Zusätzliches zu essen gegeben hat. Anna war abgemagert und ihr kleiner Körper war dünn wie eine Bohnenstange. Einmal sah ich, dass sie einen großen Kübel tragen sollte. Das schaffte sie nicht. Eine andere Frau kam und half ihr. Ich glaube, dass das Küchenpersonal untereinander zusammengehalten hat. Keiner wollte diese lukrative Tätigkeit verlieren. Ich meine, dass Anna sich bis zum Ende dieses Lagers erholt hatte.
Wir Kinder haben besonders in den warmen Monaten viel draußen im Gelände gespielt. In den engen Zimmern der Baracken haben wir uns nie richtig wohl gefühlt. Es gab für uns keinen hergerichteten Spielplatz, wie ihn die Kinder heutzutage unbedingt brauchen, uns genügten selbst gebastelte Bälle aus Stoff. Die Mädchen spielten damit ihr "10ner Spiel" und andere Fangballspiele. Wir hatten auch einfache Stelzen, mit denen wir sehr geschickt gehen konnten. Wie zuhause konnten wir auch hier in den Sand zeichnen und unsere alten Hüpfspiele machen.

<ins>Die Schule</ins>
Wenn ich zurückdenke, dann fällt mir auch ein, dass für uns Flüchtlingskinder im Lager etwa ab Oktober / November1945 wieder Schulunterricht abgehalten wurde. Allerdings gab es kaum ausgebildete Lehrer. Um trotzdem einen minimalen Unterrichtsablauf durchführen zu können, wurden Abiturienten, oder Frauen, die den Oberschulabschluss hatten, oder solche, die musikbegabt waren und früher die Orgel gespielt hatten, zum Unterrichten herangezogen. Männliche Lehrkräfte gab es kaum. Das so genannte

Schulgebäude befand sich ebenfalls in einer Baracke, aus der einige Zimmerwände heraus gebrochen waren. So war ein größerer Klassenraum entstanden. Dorothe meint sich heute zu erinnern, die Essensbaracke habe auch als Schulraum gedient. Lange, rohe Holzbretter waren die Schulbänke. Am Anfang des Schulbeginns hatten nicht alle Kinder Tische. Zum Schreiben wurden wir einzeln weiter geschoben oder wir schrieben auf den Sitzbänken. Es fehlte an allem. Da die Schule nicht ausreichend Schreibmaterial hatte, war es nahe liegend, dass in allen Klassen immer wieder das Einmaleins abgefragt wurde. Eigentlich war das recht nützlich, denn auch heute noch klappt bei mir das Multiplizieren und Dividieren wie im Schlaf. Zum Schreiben hatte jedes Kind einen Bleistift. Die Schulaufgaben am Nachmittag gelangen nicht immer, schon aus dem Grunde, weil nicht jeder einen Anspitzer hatte. Ich weiß noch, meine Schwestern und ich hatten zum Glück einen Anspitzer. In den ersten Monaten gab es aber nur ein Blatt Papier, um die Hausaufgaben zu machen. Schwierig war es, wenn wir zusätzlich ein Blatt Papier benötigten. Einmal hatte ich die Rechenaufgabe vollkommen falsch gelöst und Radieren war nicht möglich. Da war "Guter Rat teuer!", und ich konnte nur zur Lehrerin gehen und ihr die Fehler zeigen. Unsere Freude war groß, als wir im Frühjahr 1946 jeder ein Schreibheft und ein Rechenheft bekamen. Trotzdem reichte es oft nicht aus. Als einmal mein Schreibheft voll war und ich um ein neues bat, sagte der Lehrer zu mir: "Ich habe auch nichts. Such Dir ein Stück Holz und schreib darauf."

Ein großes Problem war im Winter 45/46 die Kälte. Wir zogen uns alle Kleidungstücke übereinander an, die wir besaßen. Trotzdem hockten wir auf unseren Plätzen und zitterten. Auch die allgemeine Schwäche der Kinder wirkte sich in der Schule aus. Einmal ist ein Mädchen in Dorothes Klasse während des Unterrichts in Ohnmacht gefallen. Dorle erzählt auch, dass einmal die ganze Klasse rohe gelbe Rüben essen musste, weil das gegen Würmer helfen sollte.

Wir hatten damals die Fächer Deutsch, Rechnen, Schrift und Erdkunde. Unser Lehrer war Herr Siegel. Es gab auch ordnungsgemäße Zeugnisse. Dorothe und ich haben ein Zeugnis vom April 1946. Meine Schwester Erika hat noch ihr Abschlusszeugnis, mit dem sie aus der Lagerschule entlassen worden ist.

Gleich zu Beginn des Lagerlebens in Lunden und auch später in Silkeborg Bad wurden wir Kinder und auch die Erwachsenen in Abständen geimpft. Gegen was ich geimpft worden bin, kann ich im Einzelnen nicht mehr sagen. Ich weiß allerdings noch genau, dass ich einmal mit meinem Freund so einer Impfaktion heimlich entgangen bin. Am Vortag hatte ich gehört, dass die bereits Geimpften ziemliche Schmerzen am Oberarm hatten. Vor der Schule waren Tische aufgestellt und die ganze Aktion wurde von vier verschiedenen Helfern durchgeführt. Wir beobachteten zunächst, wie alles von statten ging. Dann reihten wir uns ein, um den Impfschein zu bekommen. An der 2. und 3. Reihe, in der geimpft wurde, gingen wir forsch vorbei und in der 4. Reihe hielten wir Schmerz verzerrt unseren linken Oberarm, so dass jeder annahm, wir wären bereits geimpft. Später lachten wir vor Vergnügen und am nächsten Tag, prahlten wir: „So eine kleine

Impfung hat uns nicht weh getan." Ja, so dumm können Kinder sein.

<u>Weihnachten 1945</u>
Ich weiß nicht genau, welchen Grund es hat, dass ich mich kaum noch an dieses Weihnachtsfest im Lager Silkeborg Baracke 11 erinnern kann. Vielleicht kommt es daher, dass alles so ganz anders war. Es fehlte eben unsere Gute Stube, der Baum, die vielen Kerzen und die ganze Gemütlichkeit.

In meiner Erinnerung ist vor allem die große Kälte. Doch hatte uns Kinder wie früher eine Unruhe erfasst. Jeder fragte sich: Was kann ich den Eltern und Geschwister schenken? Wo finde ich etwas? Was kann ich basteln? Heimlich war ich zu den kleinen Tannenbäumen geschlichen. Von einem passenden Bäumchen habe ich in einem günstigen Augenblick die Spitze abgeschnitten. Nun hatte ich viel zu tun. Sehr sorgfältig spitzte und schnitt ich die kleinen frischen Austriebe gleichmäßig zurecht. Ich entfernte die Rinde vollständig und polierte das Holz. Was am Ende dabei entstand, war ein brauchbarer Quirl für unsere Mutter. Die Mädchen hatten anderes im Sinn. Sie übten ein Märchenspiel ein und bastelten aus buntem Papier Sterne. Dorothe, die schon immer sehr schön singen konnte, sang inzwischen in einem kleinen Kinderchor mit. Man übte eifrig, weil auch der Lager-Kommandant zu einer allgemeinen Feierstunde eingeladen werden sollte.

Das alte deutsche Weihnachtslied "Stille Nacht, heilige Nacht", sollte aus irgendeinem Grund nicht gesungen werden. Darum hat es jemand umgedichtet. Dorothe kennt die 1. Strophe noch:
Kurz ist der Tag, lang ist die Nacht.
Schneeflocken fallen vom Himmel ganz sacht.

Christkindlein breitet die Flügelein aus.
Flieget geschwinde von Hause zu Haus,
horchend an Fenster und Tür. Horchend an Fenster und Tür.
Es gab auch für die Kinder Geschenke, kleine Spiele wie z. B. ein Quartett, das viel Freude gebracht hat.
Aber, ehrlich gesagt, für mich hat es eigentlich gar kein Weihnachten gegeben. Und so ähnlich ist es mir auch Weihnachten 1946 ergangen.

<u>Mein Freund und ich</u>

Gerne denke ich zurück an meinen Freund Neubauer. Ich lernte ihn in der Weihnachtszeit 1945 kennen. Er wohnte mit seinen Eltern auch in unserer Baracke. Sobald die Schule zu Ende war, haben wir beide uns im Lager umgesehen. Immer gab es etwas zu ergattern oder heimlich zu "organisieren". Neugierig schnüffelten wir auch durch alle Baracken. Wir beiden Jungen hatten nämlich eine gute Idee: Wir wollten unseren Eltern eine Holzkiste bauen. Man muss sich vorstellen, dass nur wenige Flüchtlinge einen Koffer oder eine Kiste hatten, um die eigenen Sachen darin aufzubewahren. Es gab in den Zimmern keinen privaten Raum. Eine Holzkiste, so dachten wir, wäre geeignet, z. B. die Familien-Unterlagen zu verstauen. So eine Kiste wäre ja auch notwendig, wenn bald unsere Heimreise nach Ostpreußen beginnen würde. Zunächst malten wir sie uns in Gedanken aus. Doch keiner von uns im Lager hatte Holz, passende Bretter oder Werkzeug. Meine klugen Eltern hatten zwar keinen Gold- oder Silberschmuck und keine Diamanten, aber sie hatten einen Hammer und eine Kneifzange den ganzen Fluchtweg mitgeschleppt. Könnt Ihr Euch denken, was das für das Leben, ja, das Überleben in solchen Zeiten für einen Menschen bedeutet? Heute erkenne ich, dass für mich damals der Hammer und die Kneifzange die Gegenstände waren, die meine Freude am Leben und den Willen dafür zu kämpfen geweckt und getragen haben. Ich war mit unserer Zange und dem Hammer ein kleiner König.

<u>Unser Versteck</u>
Winter 45/46 von draußen sah, dass unser Was ich nun erzählen will, begann damit, dass ich im Zimmerfenster geöffnet wurde. Starker Qualm drang heraus. Jedes Zimmer hatte gleich neben der Tür einen kleinen Ofen. Der Holzvorrat war genau für jedes Zimmer eingeteilt. Alle waren bemüht, möglichst trockene Scheite zu bekommen. Wehe dem, der grünes, nasses Holz zugewiesen bekam, das Räuchern und Stinken der kleinen Eisenöfen nahm kein Ende.
Ich sah also den Qualm und rief meinen Schwestern etwas nach drinnen zu. Wenn ich von draußen an unser Zimmerfenster gelangen wollte, musste ich mich etwas ausrecken, denn unsere Baracke stand an einem Hang. Auf der anderen Seite waren die Fenster nicht so hoch. Als ich also so dicht vor unserem Fenster stand, bemerkte ich, dass ich eines der unteren Bretter so stark abbiegen konnte, dass es sich ganz löste. Ich sah mich um, es war niemand in der Nähe. Rasch bog und drehte ich eins, zwei, drei, ja, ich glaube sogar vier Bretter aus dem unteren Teil der Barackenwand heraus. Dann kroch ich neugierig in das Loch. Es war aber nichts zu sehen, nur kahler Erdboden war da. Tief gebückt kroch ich zurück. Dann versuchte ich, die Bretter mit den verbogenen Nägeln wieder einigermaßen an ihren Platz zu schieben. Gleich erzählte ich Neubauer, was ich gesehen hatte. Noch am selben Tag schoben wir zusammen die Bretter zur Seite und

krochen in den Hohlraum unter der Baracke. Auch an den folgenden Tagen stiegen wir mehrmals in unser Versteck. Wir wurden sogar mutiger, ließen den Eingang geöffnet, um mehr Lichteinfall zu haben, und krochen unter der ganzen Baracke hin und her. Plötzlich schrie Neubauer laut auf. „Was hast du?", fragte ich mit gedämpfter Stimme. Er zeigte mir einen verbogenen Nagel, mit dem er sich die Hand verletzt hatte. Ich sagte ihm, ein Nagel, auch wenn er krumm ist, sei zu gebrauchen und ermunterte ihn, weiter zu kriechen, denn es könne ja sein, dass wir noch mehr Nägel fänden. Tatsächlich, unser Spürsinn wurde mit Erfolg gekrönt. Wir sagten uns, die Arbeiter, die diese Baracken aufgebaut hatten, waren wohl keine guten Zimmerleute. Nach intensivem Suchen hatten wir eine gute Hand voll krummer und gerader Nägel. Das war ein riesiger Glücksfall. Wir legten unsere Beute vorsichtig auf einen bestimmten Platz am Ausgang unserer Höhle. Unser Plan war immer noch, zwei Kisten zu bauen, eine für Neubauers und eine für uns. Doch noch fehlte das Wichtigste: die Bretter. Mehrere Tage streunten wir vergeblich durchs Lager. Es waren keine losen Bretter oder überflüssige Holzstücke zu finden. Es war ja klar, die neuen Bewohner hatten sofort alle umher liegenden Holzstücke gesammelt und längst verfeuert. Für uns war nichts übrig geblieben. Unzufrieden gingen wir am Lagerzaun entlang. Ja, hinter dem hohen Stacheldrahtzaun gäbe es bestimmt noch manches zu holen. Aber die bewaffneten dänischen Posten waren in diesem dichten Waldgebiet nicht genau auszumachen. Wir wussten, wer unter dem Zaun durchkletterte, konnte erschossen werden. Diese und viele andere

Maßregeln standen auf einem Schild der Lagerordnung. Dieses Risiko wollten wir nicht eingehen. Stattdessen entdeckten wir am Zaun in der Nähe des Waldes einen großen Holzschuppen. Ein Posten war nicht zu sehen. Natürlich war die Tür verriegelt. Mit kräftigem hin- und her Biegen ließ sich das kleine Schloss öffnen. Mutig gingen wir in den Schuppen hinein. „Mensch, Neubauer", rief ich leise, „das ist es doch, was wir suchen!" Die Bude war bis zur Hälfte voll von Brettern. Wir erkannten gleich, dass es die gleichen Bretter waren, aus denen unsere Bettgestelle gezimmert waren. Vermutlich lagerten sie hier für eventuelle Reparaturen. Wunderbar! So schöne glatte Bretter! Vorsichtig traten wir wieder ins Freie und schoben geschickt das Türschloss zusammen. Lässig schlenderten wir zurück und besprachen dabei unseren Plan. Es galt, so viele Bretter wie möglich in unsere Höhle zu schaffen. Am Tage war das Risiko sehr groß. Einer von uns sollte in Höhe des Schuppens auf die Posten achten. In der Regel gingen sie Doppelstreife. Sie unterhielten sich und achteten kaum auf die Menschen hinter dem Zaun. Im Lager selbst sollten einige alte Männer, auch Flüchtlinge, für Ordnung sorgen. Aber diese zwei alten Leutchen sah man nur selten.

Unsere Aktion begann: Während Neubauer die Posten beobachtete, zog ich vorsichtig Brett für Brett aus dem Schuppen. Polternden Lärm wollte ich auf keinen Fall verursachen. Soviel jeder von uns tragen konnte, schleppten wir in unser Versteck. Aber es genügte nicht. Zwei-, dreimal schleppten wir die gleiche Menge in unseren Vorrat. Sorgfältig verschlossen wir den Schuppen wieder. Niemand hat uns aufgehalten. Vielleicht hat uns sogar jemand gesehen und gedacht, dass wir uns - wie das damals üblich gewesen war - etwas vom deutschen Militär angeeignet hätten.

Meine Kiste

Nun mussten wir weiter überlegen. Was nützen uns die Bretter, wenn wir keine Säge und keinen Zollstock haben? Ich muss noch immer schmunzeln, wenn ich daran zurückdenke, wie erfinderisch wir waren. Gerade die Zeit der Not hat uns kreativ gemacht. Außerdem waren die Erwachsenen und auch wir Kinder untereinander sehr hilfsbereit. Da kam z. B. ein älterer Mann aus einer Nebenbaracke zu uns und bat uns, ihm den Hammer und die Zange zu leihen. Er hatte auch krumme Nägel gefunden, die er geradeklopfen wollte. Ich ging mit ihm und schaute zu, wie dieser Opa auf dem Dach eines Bunkers die Nägel geschickt wieder brauchbar machte. Es war damals noch nicht üblich, dass ein Kind einen älteren Mann lobte. Aber im Geiste lobte ich diesen Mann, der so flink und akkurat die Nägel richten konnte. Meinem Vater lag die handwerkliche Arbeit nicht so. Der alte Mann erzählte mir, dass er für sein Enkelkind am Bett eine kleine Ablage machen wolle. Zu unserem Werkzeug besaß er noch eine kleine, ja wirklich kleine Säge. Damit sägte er mühsam das Brett zurecht. Als er fertig war, fragte ich ihn, ob er uns seine Säge leihen würde. „Natürlich, Jungche," sagte er freundlich, „du hast mir doch auch geholfen!" So kamen Neubauer und ich auch an diese kleine Säge. Frau Neubauer hatte ein kleines Nähtäschchen mit einem Metermaß. Und schon hatten wir wieder ein wichtiges Werkzeug. Es hatte ein bisschen gedauert, aber nun hatten wir alles Erforderliche.

Ich glaube, inzwischen war es schon März 1946, denn in unserem Versteck war es ziemlich kalt. Trotzdem trafen wir uns hier regelmäßig und bastelten eifrig. Unsere Eltern freuten sich über das, was wir erzählten und auch andere Bewohner interessierten sich für unsere Arbeit. Manchen krummen Nagel hat es noch gegeben, den wir wieder gerade klopfen mussten. Auch manch ein Finger blutete und mancher Daumen wurde blau. Aber wir verzagten nicht.
Ach, was waren wir stolz, als wir endlich die fertigen Kisten vorzeigen konnten.

<u>Unsere Werkstatt</u>
Nachdem wir so großen Erfolg mit unseren Kisten gehabt hatten. wollten wir uns nun eine richtige kleine Werkstatt bauen. Unser Barackenversteck war etwa 7o cm hoch. Wir konnten uns nur kriechend bewegen. Darum kam mir die Idee, unseren Raum so weit auszuschachten, dass wir uns darin frei bewegen könnten. Zunächst kratzten wir in den Erdboden den Grundriss von ca. 1.10cm x 2,20cm. Einen guten Spaten hatte ich mir aus dem Schuppen "organisiert". Beim Graben wechselten wir uns ab. Zum Glück war der Boden nicht zu hart. Es lagen auch keine großen Wurzeln in diesem Bereich. Trotzdem war es für uns eine sehr schwere Arbeit, doch das kann nur derjenige ermessen, der selber einmal kniend und gebückt mit einem großen Spaten lange gegraben hat. Nachdem wir bereits eine gewisse Vertiefung erreicht hatten, wurde uns klar, dass uns zum Abstützen der Wände noch Bretter fehlten. Wieder machten wir uns auf den Weg zum Schuppen. Vorsichtig schlichen wir am Stacheldrahtzaun entlang und peilten die Lage. Plötzlich hörten wir die Stimmen einer

Doppelstreife. Wir legten uns flach auf die Erde hinter einer Baumgruppe. Die Stimmen entfernten sich langsam. Aus Beobachtungen wussten wir, dass es etwa 1/2 Stunde dauern würde, bis die Posten zurückkommen würden. Wie gewohnt erbrachen wir das Schloss und öffneten die Tür. Hurtig zogen wir geeignete Bretter aus dem Holzstapel. Seitlich entdeckten wir sogar schöne lange Bretter, die wohl für die Außenwände der Baracken gedacht waren. Im gleichmäßigen Wechsel mit der Doppelstreife holten wir uns nach und nach das nötige Holz und versteckten es. Während der nächsten Tage suchten wir im Lagerwald geeignete kleine Bäume, die wir als Eckpfosten verwenden wollten. Das Absägen der Bäume in der Dunkelheit war das Schwierigste. Unsere kleine Säge klemmte stark bei diesem nassen, gesunden Holz. Außerdem machte dieses kleine Ding so viel Krach und in der Dunkelheit war jedes Geräusch weithin zu hören. Unsere Eltern wussten natürlich nicht, was wir abends im Wald machten. Ich muss offen zugeben, wir hatten auch Angst. Beinahe hätten wir aufgegeben. Na ja, wer will schon gerne erschossen oder angeschossen werden? Das Sägen ging ein bisschen besser, als wir mit unserem scharfen Messer den Stamm seitlich einschnitten. Dann mühten wir uns ab, den Baum zu irgendeiner Seite umzubiegen. Es dauerte und dauerte, bis der Baum endlich nachgab und der Rest des Stammes abbrach. Jetzt mussten wir die Spitze absägen und abschneiden. Wir schleppten sie in ein dichtes Gebüsch. Schwitzend von der schweren Arbeit - aber auch aus Angst - zogen wir die Holzstämme in unser heimliches Versteck. Jetzt gingen wir daran, die Eckpfähle und Bretter passend abzumessen und nach diesem Maß die Vertiefung und die Breite weiter auszuschachten. Das alles dauerte Tage und Wochen, bis endlich die Bretterwände standen.

Schloss und Riegel

Um unsere Werkstatt vor Dieben zu sichern bedurfte es einer längeren Überlegung. Eine Tür hatten wir relativ problemlos gezimmert und eingebaut, aber ein Schloss hatte wohl niemand im Lager. Und wer tatsächlich so etwas Wertvolles gehabt hätte, würde es bestimmt nicht eintauschen. Neubauer und ich überlegten hin und her. Die ganze Familie wurde mit einbezogen. Unsere Mutter dachte lange vor sich hin. Dann meinte sie: „Mein Schwager Valentin Moschall aus Rehagen hat uns während des 1. Weltkrieges ein geheimes Schloss aus Holz gebaut." Ich war begeistert und bestürmte die Mutter, mir dieses Ding genau zu erklären. Mutter dachte weiter nach, dann erinnerte sie sich: „ Im unteren Bereich war neben der Tür von außen ein großer, vierkantiger Klotz angebracht. In ihm war ein Querriegel, der vor die Tür geschoben wurde und das Öffnen verhinderte, denn die Tür ging nach außen auf. Unbefugte konnten diesen dicken Querriegel nicht bewegen. Der Klotz hatte nämlich von unten ein fingerdickes Loch mit einem Splint darin. Wer Bescheid wusste, konnte von unten den Mittelfinger hineinschieben und den versteckten Splint hochdrücken. Dann erst konnte der Querriegel zum Öffnen der Tür bewegt werden. Für einen Fremden war diese Öffnung nicht sichtbar." Das war eine tolle Sache. Ich ließ mir von Mutter alles noch einmal erklären, bis ich es verstanden hatte. Schon am nächsten Tag begann ich an dem Wunderschloss zu basteln. Auch all das dauerte und dauerte. Die ersten beiden Holzteile platzten. Dann nahm ich den

Spatenstiel, sägte ein Stück ab und nutzte es als Querriegel und fingerdicken Stab. Als ich den Klotz unten neben der Tür kräftig angenagelt hatte, und den Riegel vorgeschoben hatte, war unsere Werkstatt gesichert.

Ich empfinde heute noch die Freude, die ich damals im Lager hatte. Ohne dass ich es wissen konnte, hat mich in der traurigen Umgebung meine Kreativität, die Freude an der Arbeit und mein Durchhaltevermögen körperlich und seelisch gesund erhalten. Auch heute kann ich in depressiven Situationen mit diesen Kräften zu seelischem Ausgleich zurückfinden.

Die Firmung

Im Frühjahr 1946 wurde unser tristes Lagerleben von einem angenehmen Besuch unterbrochen. Der kath. Pfarrer Preuß kam in unsere Barackenstadt. Er suchte die Familien auf, deren Kinder im rechten Firmungs-Alter waren. Erika und ich waren bereits gefirmt. Nun sollte auch unsere Dorothe das Sakrament der Firmung erhalten. Trotz der gottlosen Zeit im Dritten Reich waren wir Kinder im Ermland alle sehr streng religiös erzogen worden. So wird es der Pfarrer Preuß nicht schwer gehabt haben, den Kindern in wenigen Stunden den Sinn und den Wert der Firmung zu erklären. Im Sommer 1946 stand der wichtige Termin des Festes an. Eine Frau aus unserem Lager hatte noch mancherlei Lieder mit den Firmlingen zu üben. Es hieß, dass der dänische Bischof Suhr selber käme, um die Firmung zu spenden. Während mein Freund und ich wichtige Arbeiten in unserer Werkstatt zu erledigen hatten, musste meine Schwester Dorothe eigens ein Gedicht auswendig lernen. Sie hat es so gut und gründlich getan, dass sie es noch heute im Kopf hat:

Hochwillkommen Excellenz
hier im Flüchtlingskreis.
Unser Aug' vor Freude glänzt
wenn wir singen Ihren Preis.
Laut soll unser Lob erschallen,
dass Sie hergekommen sind.
Gott, dem Herrn wird es gefallen, ...usw....
Dorothe sagt, dass sie das Wort "Excellenz überhaupt nicht kannte und darum viel lieber Experiment" gesagt hätte, aber das wollte die Frau nicht, die mit ihr übte.
Wir waren alle stolz auf unsere kleine Dorothe.
Die Kleiderfrage ist bei Mädchen und Frauen bekanntlich sehr wichtig. So war das auch im Lager. Nur ganz wenige Kinder oder Erwachsene hatten zwei Kleider oder Anzüge. Viele trugen immer dasselbe Kleidungsstück wie auf der Flucht. Und so begann ein Bürsten und Putzen, damit man passabel aussehen konnte. Für Dorothe war die Auswahl nicht schwer. Sie besaß das gute blaue Kleid mit dem weißen Kragen, das ihr der Soldat vor der Überfahrt auf das Haff geschenkt hatte. Es war ein wenig kurz geworden, und die Mutter hatte die Taille verlängern müssen. Aber außerdem war da noch das weiße bestickte Sommerkleid, das die Schwestern ihr gegeben hatten. Das wählte Dorle aus. Darin fühlte sie sich festlich angezogen. Es war nur ein relativ kleiner Kreis von Firmlingen, denn die Mehrzahl der Lagerinsassen gehörte, wie in Ostpreußen, der evangelischen Kirche an. Ein eigenes Gotteshaus gab es im Lager nicht, weder für die evangelischen, noch für die katholischen Christen. Darum fand die Firmung in der Schulbaracke statt. In der Erinnerung ist Dorle noch ein Apfel als das Firmungsgeschenk geblieben. Ja,

jeder Firmling erhielt einen Apfel. Seit der Flucht aus der Heimat hatte wohl keiner einen Apfel gegessen. Dass heimlich und ganz unchristlich hinterher um die leider so verschieden großen Äpfel noch gestritten wurde, will Dorothe nur "unter der Hand" erzählen.

<u>Der Wagen</u>
Nachdem Neubauer und ich die kleine Werkstatt fertig und abgesichert hatten, wollte ich noch mehr schaffen. Ich dachte mir, einen richtigen Wagen zu bauen, das wäre etwas. Es sollte natürlich kein Pferdewagen werden, wie wir ihn auf unserem Hof gehabt hatten. Es genügte ein kleiner Kastenwagen, der unsere Sachen fassen könnte, wenn wir nach Hause fahren dürften. Aber Neubauer schüttelte immer wieder den Kopf und sagte, die Fertigstellung eines solchen Wagens könne er sich nicht vorstellen. „Wie willst du denn die Räder bauen?" „Nein, nein", sagte er, „eine Achse usw., all das haben wir nicht. Und außerdem können wir keine Löcher bohren." Ich sah schon meine Wagenidee wie einen Luftballon davonfliegen. Aber ganz aufgeben wollte ich nicht. Einige gute, breite Längsbretter, die vermutlich als Bettgestelle gedacht worden waren, hatten wir uns schon vor einigen Wochen "organisiert", wie man das nannte. Nach und nach hatten wir auch einige Erwachsene gefunden, die wir evtl. um Rat fragen könnten. Zunächst hatte ich die Maße auf altem Papier niedergeschrieben. Der Wagenrahmen sollte 100 cm lang, 20 cm. breit und etwa 17 cm hoch sein. Natürlich musste er wie ein richtiger Wagen etwas angeschrägt sein. Neubauer war bald überredet. Einen Rahmen aus Brettern zu bauen gelang uns schon, obwohl wir fast nur krumme alte Nägel gefunden hatten. So hämmerten

und hämmerten wir, bis wir genügende wieder gerade gebogen hatten. Unsere Finger waren blau und blutig, aber aufgeben wollten wir nicht. Viel schwerer als alles, was wir bisher gemacht hatten, war es, Räder herzustellen.

Eines der langen, breiten Bretter wurde zuerst in vier Teile geteilt. Das Abrunden dieser vier Teile war schwierig. Mit unserer kleinen, geliehenen Säge schnitten und schoben wir Stunde um Stunde. Am Ende sahen die Brettchen tatsächlich wie vier Räder aus. Mit einer kleinen Raspel - auch ausgeliehen - rundeten wir sie vollends ab. Ja, aber runde Bretter sind noch keine Räder. Eine Nabe musste gebohrt werden. Einen Handbohrer, geschweige denn eine Bohrmaschine, gab es natürlich nicht. Wir hatten nur die Möglichkeit, direkt in der Mitte mit einem glühenden Draht ein Loch zu brennen. Verschiedene Stärken von Draht und runden Eisenstäben hatten wir am hinteren Ende des Stacheldrahtzaunes liegen gesehen. So holten wir auch diese am Abend in unsere kleine Werkstatt. Am nächsten Tag ging die Arbeit weiter, aber jetzt nicht in der Werkstatt, sondern sowohl im Zimmer meiner Eltern, als auch bei Neubauers. Beide versuchten wir, möglichst schnell das passende Stück Draht im Kanonenofen glühend zu machen. Ich kann Euch nur sagen, es gelang uns wirklich, die Räder herzustellen, allerdings gab es viel Qualm und Gestank.

Als wir nach Monaten endlich unser Wunderding den Barackenbewohnern vorführten, beglückwünschten sie uns. Aber jedes Ding braucht bekanntlich seine Zeit zum Gelingen. Es war noch nicht soweit. Schon nach einer Woche brach ein Rad mitten entzwei. Für uns gab es kein Aufgeben. In der gleichen Art fertigten wir noch einmal vier Räder an. Aber diesmal wurden jeweils zwei Bretter gekreuzt aufeinander gelegt. Nun war ein Radbruch unmöglich geworden. Noch im späten Herbst 1946 bemühten wir uns, den Wagen zu vervollständigen. Ich hatte beim Herumstromern durch die einzelnen Bunker noch manches Brauchbare gefunden. In einem überfluteten Bunker mussten wir bis an die Knie durch das Wasser waten. Aber es lohnte sich. Die Tür hatte eine breite Gummidichtung, die zum Schutz gegen einströmendes Gas gedacht war. Diese breite Gummilitze rissen wir mit Gewalt aus der Tür. Sie eignete sich vorzüglich für unsere Radbreite, und so wurden unsere Räder gummibereift. Als wir danach stolz durch das Lager fuhren, war kaum mehr ein Geräusch vernehmbar.

<u>Freiheit auf dem See</u>
Im Winter 1946/47 bin ich selten in unsere kleine Werkstatt gegangen. Der Wagen war fertig und etwas Neues zu beginnen, fehlte uns der Mut und der Wille. So hockten wir zwar manchmal in unserem kleinen, engen Erdloch, aber es war zu kalt und wir froren entsetzlich. Es waren wohl an die 10 bis 15 Grad Kälte. Ihr könnt Euch vorstellen, dass wir Kinder uns nur ungern tagelang in unseren engen Wohnräumen aufhielten. Es gab nicht so viele Ideen für körperliche Bewegung. Trotzdem rutschten und schurrten wir gerne an dem abfallenden Wohngebiet. Wir durften natürlich immer nur bis an den Stacheldraht-zaun, aber wir hatten auch Spaß bei unseren Spielen.
Niemand von uns hatte hier solche guten Eisenschienen, wie wir sie in Ostpreußen unter unseren Klötzen gehabt haben. Und wer hätte wohl Schlittschuhe auf die Flucht mitgenommen? Uns mussten die einfachen Holzklötze genügen, oder

mehrfach verstärkte dicke Schuhsohlen. Aus unseren Schuhen, die wir damals auf der Flucht trugen, waren wir meistens herausgewachsen.

An einer engen Stelle endete der Stacheldrahtzaun in einem Waldgebiet am See. Auf der anderen Seite sahen wir schöne, gepflegte Einzelhäuser. Selbstverständlich war es uns bereits im Sommer verboten, in den See zu gehen. Direkt hier am Wasser hatte ich nie einen Posten gesehen. Ich konnte mir auch nicht vorstellen, dass die Wachposten gleich auf uns schießen würden. Ich überredete meinen Freund, ein Stück mit mir auf das Eis hinauszugehen. Ich sagte: " Wir gehen nicht **in** den See, wir werden **auf** dem See gehen." Die Wachtposten waren nicht zu sehen und so machten wir uns vorsichtig auf die blanke, glatte Fläche. Das war ein wunderbares Gefühl der Freiheit, aber verbunden mit einer gewissen Angst. Wir spazierten und rutschten immer weiter. Bald erreichten wir eines der schönen Häuser auf der anderen Seite. Aber weiter wollten wir auf keinen Fall. Die Dänen hier drüben würden uns bestimmt festhalten und der Polizei übergeben. Schnell machten wir uns auf den Rückweg. Keiner hatte uns gesehen. Gerne hätten wir über unseren mutigen Ausflug berichtet, aber das durften wir nicht.

Bei meinem Besuch in Dänemark 2005 bin ich als alter Mann noch einmal genau an diese Uferstelle gegangen. Es war ein sonniger Herbsttag. Wieder konnte ich am gegenüberliegenden Ufer die schönen Hauser sehen. Eine spitzbübische Freude erfüllte mein Herz, und diesmal konnte ich alles unserem dänischen Begleiter Herrn Dan Mouritzsen und seiner Frau erzählen. Er konnte seinerseits von einem anderen Mann berichten, der auch kürzlich mit ihm an dieser Stelle gestanden hatte. Es war einer der ehemaligen dänischen Wachtposten. Dieser Mann habe ihm etwas lächelnd erzählt, dass er im Dienst gerade hier Kinder habe spielen sehen und dabei "beide Augen zugedrückt " habe.

<u>Nachricht von Hedwig</u>

Das warme Wetter des Sommers 46 war vorbei. Wir alle fürchteten die nasse und dunkle Zeit. Die Erwachsenen waren unzufrieden, das konnte man merken. Von mehreren hörte ich die ängstlichen Klagen: „Müssen wir denn noch einen weiteren Winter in dieser Kälte bleiben?" Und immer wieder hörten wir Kinder das bange Fragen nach den Vätern und nach den älteren Geschwistern, die im Krieg gewesen waren. Wir liefen alle oft zum Lagereingang, um endlich wieder einen Brief aus Deutschland zu bekommen. Hin und wieder gab es frohe Kunde, wenn im Lager die Post verteilt wurde. Ich meine, es war der 30. Oktober 1946, als wir Nachricht von unserer Hedwig erhielten. Das war eine Freude! Nun hatten wir die Sicherheit, dass wieder jemand aus unserer großen Familie lebte und die Kriegsleiden einigermaßen überwunden hatte. Hedwig teilte uns mit, dass sie vor einigen Tagen bei Tante Maria und Onkel Leo in Berlin angekommen sei. Sie sei zuvor aus einem russischen Gefangenenlager entlassen worden. Nun dürfe sie erst einmal bei den Verwandten wohnen bleiben. Immer wieder lasen Mutter und Vater den Brief. „Nun fehlen uns noch Mita und Hubert", sagte der Vater leise.

<u>Wieder woanders hin</u>

In der ersten Hälfte des Januars 1947 hieß es, dass unser Lager verlegt werden sollte. Es dauerte auch nicht lange, und wir mussten unser kleines armseliges Gepäck zusammenpacken. Zum Mitnehmen war die von mir gezimmerte Holzkiste erlaubt. Aber, der mit so großer Mühe gefertigte Wagen durfte nicht mitgenommen werden. Im Innersten meines Herzens habe ich geheult. Es hieß, wir kämen alle in ein größeres Lager. Sein Name sei "**Oksböl**". Wo das wohl sei, wusste von uns niemand. Könnten wir doch endlich nach Deutschland, am liebsten nach Hause. Aber das war uns nicht vergönnt. Weiter, hieß es, wieder in eine andere fremde Welt! Ein kalter, frostiger Nordwind zerrte an unserer zerschlissenen Kleidung, als wir mit Sack und Pack den Fußweg zum Bahnhof der Stadt Silkeborg gehen mussten.

Internierungslager Oksböl

Ebenso, wie ich Silkeborg im Jahr 2005 aufgesucht habe, bin ich mit meiner Frau auch in Oksböl gewesen. Es liegt etwa 5 km nahe der westlichen Küste Jütlands bei Esbjerg. Wir hatten die gute Gelegenheit, im "Blåvandshuk Lokalhistorischen Archiv" mit den sehr freundlichen Bibliothekaren zu sprechen und Bild- und Schriftmaterial zu studieren. Daher weiß ich jetzt, dass Oksböl das größte dänische Flüchtlingslager war, mit etwa 450 Baracken und 70 Pferdeställen. Der Lagerkomplex war 1930 als dänisches Militärlager errichtet worden, später wurde er vom deutschen Militär beschlagnahmt und sehr vergrößert. Schon im Februar 1945 wurden die ersten Flüchtlinge einquartiert. Ihre Zahl wuchs immer mehr. In der Zeit von 1946 bis 1947 waren hier über 35 000 Menschen untergebracht. Wie eine kleine Stadt hatte es eine eigene deutsche Verwaltung unter dänischer Lagerleitung.

Heute sind die Baracken längst abgebaut. Der Wald ist aufgeforstet und nachgewachsen. Ich war 1983 schon einmal mit unserem Sohn Matthias hier. Das Gelände war für mich überhaupt nicht mehr zu erkennen. Erst als wir zu dem See kamen, stiegen Erinnerungen in mir auf. Aus dem ehemaligen Lazarettgebäude hat man in diese landschaftlich schöne Gegend eine Jugendherberge gebaut. Im Ort ist ein kleines Flüchtlingsmuseum, welches schon so manchen ostpreußischen Besucher angelockt hat. In diesem Museum konnte ich an Hand von Fotos, Schriften und vielen Gegenständen damals meinem Sohn manches zeigen und erklären.
Und wieder wurde meine Erinnerung sehr lebendig:
Wie eine große Viehherde waren wir im Winter 1946/47 zitternd und frierend am Lagereingang Oksböl angekommen. Wo hatte man uns hingebracht? Es war etwa Mitte Januar. Der erste Eindruck den ich bekam, war furchterregend. Ich sah eine unüberschaubare Barackenstadt, umzäunt von einem doppelten, 2 m hohen Stacheldrahtzaun. Silkeborg Bad, mit seinem tiefen Waldgebiet, hatte mich an unser kleines Walddörfchen Kaschaunen erinnert. Aber dieser kahle, windige Ort war kalt und abstoßend.

<u>Pferdebaracke U 4</u>

Wir wurden registriert, und uns wurde ein Platz in der Baracke U 4 zugewiesen. Wir gingen über die langen Lagerstraßen an vielen Baracken vorbei. Bald erkannten wir, dass diese große Anzahl Baracken nicht für alle Personen ausreichten. Darum hatte man auch die ehemaligen Militär-Pferdeställe ausgenutzt. Wir mussten es also hinnehmen, dass unser zukünftiges "Zuhause" ein Pferdestall war. Diese Pferdestall-Baracken hatten an beiden Seiten große Stalltüren, die sich schlecht schließen ließen. Gleich am Eingang waren ein Wasserhahn und ein Trog darunter. Hier sollten wir uns waschen. Der Fußboden war zementiert. Rechts und links hatten früher die Pferde ihre Stellplätze. Als wir dorthin zu unserem Schlafplatz gewiesen wurden, stolperte meine Schwester in die ehemalige Jaucherille, die beidseitig längs durch die Baracke verlief. Das Licht fiel spärlich von oben durch die beidseitigen Dachfenster mit Drahtglas. Die gesamte lange Pferdebaracke war in drei Abschnitte getrennt. Leider waren diese "Wände" nur dünne Bretter, die nur 2 m hoch waren. Im Mittelgang hatte jede dieser Trennwände eine Tür, so dass man ungehindert von vorn bis hinten durchlaufen konnte. Als Schlafplatz fanden wir dreistöckige Etagenbetten vor. Erika und ich kletterten in die dritte, wackelige Etage. Von unserer Höhe aus konnten wir bequem über alle Zwischenwände auf die vielen verschiedenen Menschen sehen. Keine dieser Personen hatte einen Intimbereich. Die Frauen versuchten sich mit Decken oder Mänteln beim Umkleiden vor fremden Blicken abzuschirmen. Direkt neben unseren 2 mal 3 Etagen-betten war nur ein schmaler Gang und daneben waren wieder Etagenbetten für eine andere Familie.

Wie viele Leute mussten in so einer Pferdebaracke leben? 50 bis 60? Ich weiß es nicht mehr genau. Was ich genau weiß ist, dass ständig Lärm, Stimmengewirr, Kindergeschrei, ja auch oft genug Gezänk und Gezeter in dieser Enge herrschten. Auch Dorothe kann sich an das ungute Gefühl erinnern, als sie Zeuge wurde, wie sich Frauen mit Töpfen und Schüsseln geschlagen haben.

Hinter der Pferdebaracke waren je zwei Holzbuden als Toiletten aufgestellt worden. Da ich seit der Flucht mehrfach an Wurmerkrankungen litt, musste ich oft nachts hinaus. O weh, wenn dann bei etwa 10 Grad der Nordwind fegte, kam ich manche Nacht zitternd wieder zurück und es dauerte immer lange, bis ich unter meiner Pferdedecke etwas Wärme spürte und wieder einschlafen konnte. Wir mussten etwa 1/2 Jahr in diesem Pferdestall wohnen.

<u>Brennholz besorgen</u>

Da, wie schon gesagt, diese Baracken für die Unterbringung von Pferden gebaut worden waren, konnten die Wände nicht genügend abgedichtet sein. Es war im Winter bitter kalt. Erika und ich erinnern uns heute noch, dass wir zusammen ganz oben geschlafen haben und an Erikas Seite der Schneesturm durch einen Spalt gedrungen ist und wir den Schnee von ihrer Schulter und von der Wand gefegt haben. In den Pferdeställen hatte man an den beiden Eingängen und in der Mitte jeweils ein Kanonenofen aufgestellt. Wir bekamen, wie in Silkeborg nur einen gewissen Teil Feuerung zugeteilt. Jeder musste sein Brennholz sorgfältig unter den Betten aufbewahren, weil es sonst gestohlen wurde. Aber es reichte nie aus, um die hohe Baracke ausreichend zu erwärmen. Die Kälte im Januar/Februar 1947 machte uns Barackenbewohnern besonders zu schaffen. Die Leute sammelten sich um die Öfen herum, um sich die Hände etwas zu wärmen. Dabei drehten sich die Gespräche meistens um Brennmaterial. Es war streng verboten, Holz oder Torf selbst zu beschaffen. Natürlich war der hohe, doppelte Stacheldrahtzaun unser aller feindseligstes Hindernis. Laut Lagerordnung durften wir uns dem Zaun nur bis auf

5m nähern. Es gab auch eine Sperrstunde, d. h. dass wir uns nach dem Sirenenton um 22 Uhr nicht mehr außerhalb der eigenen Baracken aufhalten durften (als Ausnahmen galten nur die Toiletten). Trotzdem kam man gemeinsam auf Ideen. Mit einigen größeren Jungen, zu denen ich mich mittlerweile auch gesellte, machten wir uns einmal bei Dunkelheit auf den Weg, um einen der letzten Bäume zu fällen. Er stand ziemlich in der Mitte des Lagers. Wir wussten, dass die dänischen Posten auf Baumfäller schießen würden. Aber das Risiko war trotzdem sehr gering, weil der Baum so dicht neben den Baracken stand und andererseits so weit vom Stacheldrahtzaun entfernt war. Außerdem waren wir in der Dunkelheit vom Posten kaum zu sehen. Zwei ältere Männer, von denen einer eine Axt besaß, halfen mit. Ich wundere mich heute noch, wie schnell es bei völliger Dunkelheit gelang, den Baum abzusägen und zu zerteilen. Schnell schleppten wir die Stücke in unseren Barackeneingang. Einige Teile versteckten wir. Dann begannen wir gleich, unsere Kanonenöfen feste zu heizen. Das grüne, nasse Holz war natürlich nicht das beste Brennmaterial, es räucherte und qualmte tüchtig. Doch die gesamte Barackengemeinschaft war glücklich und spürte wohlig die räuchernde Wärme der Öfen.

In diesem Zusammenhang fällt mir noch ein alter, sehbehinderter Mann ein, der eine gelbe Armbinde trug. Es war am Karfreitag 1947 und ein heller Tag. Ich beobachtete, wie der Mann langsam auf der Lagerstraße ging. Er bückte sich und hob irgendetwas auf. In diesem Moment knallte ein Schuss. Der Mann torkelte und fiel hin. Ich lief aus Angst sofort in unsere Baracke. Später entstand im Lager große Unruhe und man sprach davon, dass der alte Mann sich nur ein Stück Holz aufgehoben hatte. Er war tot.

Schulunterricht

In Oksböl gab es geordneten Schulunterricht. Schon nach der ersten Woche wurden wir Geschwister je nach Alter einer Klasse zugeteilt. Im Gegensatz zu Silkeborg hatten ich jetzt weitere Fächer: Deutsch, Rechnen, Geometrie, Geographie, Naturkunde, Zeichnen, und Sport.

Erst jetzt habe ich erfahren, dass es mehrere Volksschulen mit insgesamt 7 700 Kindern und sogar ein Gymnasium mit 1 400 Schülern gab. Von den 400 Lehrpersonen waren nur 42 ausgebildete Pädagogen. Alle Lehrkräfte hatten sich zuvor einer politischen Umschulung unterziehen müssen. Doch ich denke, die politische Gesinnung eines Menschen lässt sich nicht von einem Jahr zum anderen ändern. Für Erzieher war es schwer.

Wir Kinder spürten diese Thematik nicht so sehr. Dagegen merkten wir nur zu oft, dass es auch hier an Lehrmaterial, an Papier und Schreibutensilien fehlte. Mir selber hat der Schulunterricht keine besondere Freude gemacht. Nichts erinnerte an unsere Klassengemeinschaft zuhause. Unter den fremden Kindern habe ich mich nicht wohl gefühlt. Wir beobachteten auch, wenn ein Lehrer kein richtiger Lehrer sondern nur ein Gymnasiast o. Ä. war. So erinnere ich mich noch an meine erste Sportstunde, die ich als Schüler nicht so ganz ernst genommen habe. Der "Lehrer" ließ unsere Klasse einen Dauerlauf machen. Wir sollten mehrmals eine weite Strecke ablaufen, ohne dass wir vorher eine Motivation bekommen hatten. Widerstand regte sich in mir. Mit einem anderen Jungen beschlossen wir kurzerhand, uns in eine tiefe Mulde zu legen und abzuwarten, bis die ganze Gruppe wieder an dieser Stelle vorbeilaufen würde. Wir meinten, der junge "Lehrer" hätte keine Ahnung und uns bestimmt nicht gesehen. Das war aber nicht so. Wir beide erhielten unsere gerechte Strafe, eine 5. Da wir in der Folge keine weiteren Sportstunden mehr hatten, bekam ich im Abschlusszeugnis eine 5 (mangelhaft) für sportliche Leistung. Zum Glück habe ich in meinem weiteren Leben nie wieder so eine schlechte Note erhalten. Doch im Allgemeinen war der regelmäßige Schulunterricht für uns Kinder eine gute Beschäftigung und Bereicherung.

Im Flüchtlingsmuseum Oksböl und im dortigen Archiv konnte ich mit Erstaunen nachlesen, dass es neben der Schule Theatergruppen gegeben hat, in denen viele Kinder und Erwachsene mitgewirkt haben. Ja, es soll sogar musische Gruppen wie verschiedene Chöre und Orchester mit Flöten- und Geigenmusik und mehrere Schachgruppen gegeben haben. Auch eine Lager-Bibliothek stand zur Verfügung. Doch dies alles hat mich beim Lesen sehr überrascht. Wenn man diese Angaben heute liest, könnte man meinen, allen 35 000 Flüchtlingen hat von 1945 bis 1949 durchgehend ein reichhaltiges kulturelles Programm zur Verfügung gestanden. Das war aber nicht so. Es wird sicherlich für einen gewissen Teil zu bestimmten Zeiten günstige Umstände und Beziehungen gegeben haben. Als wir in Oksböl waren haben uns unsere Lehrer jedenfalls kein einziges Mal zu Theater, Kino oder Konzert eingeladen oder aufgefordert. Wie gerne hätten wir daran teilgenommen.

Meine Schwester Dorothe, hat allerdings allerlei Abwechslung und viel Freude erlebt. Sie durfte im Kinderchor der Kirche mitsingen und hat dort beim

Theaterspiel mitgemacht. Dadurch entstand natürlich auch Gemeinschaftssinn, der sich z.B. immer mal zeigte, wenn jemand Geburtstag hatte und in aller Morgenfrühe ein Ständchen gebracht wurde. Der Chor sang aber auch, wenn etwa ein Kind beerdigt werden musste. Dorothe sagte: „Wir sangen das Ave-Maria. Es war sehr traurig."

<u>Beschäftigung im Lager</u>

Ja, wenn auch der Schulunterricht bei weitem nicht optimal war, so hatten wir Kinder eine regelmäßige Aufgabe. Die Erwachsenen dagegen waren trotz vielerlei Bemühungen meist dem Nichtstun ausgeliefert. Menschen, die bisher handwerklich tätig gewesen waren, wurden auch im Lager problemlos eingesetzt. Es galt nämlich eine Arbeitspflicht für alle Männer zwischen 14 und 65 und für Frauen zwischen 14 und 60 Jahren.

Ich habe im Archiv Bilder von allerlei Gebäuden und Werkstätten gesehen, die zumeist bereits von der deutschen Wehrmacht für die Soldaten angelegt worden waren: Kläranlage, Wasserwerk, Wäscherei, Räucherei, Sacknähstube, Gärtnerei, Spinnerei, Besenbinderei, Korbmacherei, Straminnähstube, Buchbinderei, Instrumentenbauer u. Ä. und dazu 21 Küchen. Nun mag es daran gelegen haben, dass mein Vater schon über 60 Jahre alt war, jedenfalls haben meine Geschwister und ich sonst keinerlei Erinnerungen an Beschäftigungen in Werkstätten. Ich denke auch, die meisten ostpreußischen Bewohner kamen aus der Landwirtschaft. Es waren Bauern, wie auch unser Vater. Gerade diese Menschen fühlten sich am tiefsten verlassen. Haus und Hof waren weg. Wo waren die Pferde, die Kühe, die Schweine, die Hühner? All das fehlte ihnen. Ich habe gelesen, dass es für das Lager eine

Landwirtschaft gegeben hat, in der 59 Personen gearbeitet haben. Doch diese drei Höfe lagen ein paar Kilometer außerhalb des Lagers. Wir haben davon nichts gemerkt

Unsere Anna wurde zur Arbeit in einer Küche verpflichtet. Das hat sie gerne getan. Auch unsere Erika erzählte mir, dass sie angeleitet worden sei, aus Papierstreifen Decken und Taschen zu fertigen. Sie habe auch alte wollene Wehrmachtskleidung aufgeribbelt und Neues daraus gestrickt. Die Stricknadeln hat man aus Fahrradspeichen gemacht, indem man sie angespitzt und auf die Enden jeweils ein Stück Korken spießte.

<u>Vater und Mutter</u>
Vater war zwar schon früher still und ruhig gewesen. Aber nun sagte er kaum noch ein Wort. Häufig saß er auf der hinteren Bettkante und stützte seinen Kopf in die Hände. Er resignierte und sah kaum eine Hoffnung für die Zukunft. Eine gewisse Verbesserung trat ein, als er nach 4 Monaten, im April 1947 aufgefordert wurde, mit einigen anderen alten Männern bestimmte Arbeiten außerhalb des Lagers auszuführen. Ich habe gesehen, wie an jedem Morgen eine lange Kolonne alter Männer den Lagerausgang verließ. Vater war unter ihnen. Sie mussten den 5 km langen Sandweg bis zum Nordseestrand gehen. Dort sollten sie das vom deutschen Militär angelegte Gelände begradigen und säubern. Es waren immer noch Waffenteile und Munitionshülsen aufzusammeln und Schützengräben aufzufüllen. Auch Bunker waren zu entfernen. Am Abend fragte ich Vater, was er dort draußen gesehen und gemacht habe. Aber auch hierüber erzählte er uns wenig. In späteren Jahren habe ich manchmal

über Vater nachgedacht. Er und die anderen dieser alten Männer waren vermutlich auch viel zu schwach für die anstrengende Arbeit. Vater war nach allem Erlebten mit seinen 67 Jahren bereits ein alter, verbrauchter Mann.

Mit Mutter war es etwas anders. Sie blieb weiter in dem täglichen Einerlei der Baracke. Da gab es zu sorgen und aufzupassen auf das Essen und die Kleidung. Auch sie war es nicht gewöhnt, plötzlich ohne Haus, Hof, Garten und Küche dazustehen. Sie sagte manchmal: „Ach, wenn ich doch wenigstens ein Stückchen Garten hätte, wie würde ich das pflegen." Es gab tatsächlich einige Leute, die schon länger dort waren und die irgendwie an Samen gekommen waren. Vor ihren Baracken hatten sie winzige Gärtlein. Für unsere Mutter war es jedoch ein Trost, dass es im Lager eine Kirchenbaracke gab. Hier ist sie oft und gerne hingegangen und fand dort neuen Mut und Kraft. Sie hatte guten Kontakt zu den beiden kath. Pfarrern, Herrn Pfarrer Wiese und Herrn Pfarrer Grunwald. Jeden Sonntag gab es mehrere katholische und evangelische Gottesdienste. Oft fand die Hl. Messe im großen Theater- und Kinosaal statt.

<u>Läuse und Wanzen</u>

Es war ekelig, auch hier in diesem großen Lager ließen uns die Wanzen nicht in Ruhe. Sie kamen nachts aus den Ritzen der Wände. Man konnte sich nicht wehren. Meine große Schwester Anna stöhnte oft am Morgen und zeigte uns ihre zerbissenen Arme und Beine. Aber alles Klagen und Schimpfen beim Lagerleiter half nicht. Gelegentlich wurde eine ganze Baracke geräumt, die Bewohner für zwei Tage ausquartiert und die Räume mit giftigen Gasen desinfiziert. Doch es nützte nicht viel, nach kurzer

Zeit, waren die Viecher wieder da. Sehr lästig waren auch die Kleiderläuse. Bei dieser große Anzahl Menschen, die in zu engen Verhältnissen leben mussten, reichten die hygienischen Maßnahmen nicht aus. Es gab zum Glück eine Warmwasserbaracke, in der man sogar etwa alle 14 Tage einmal duschen durfte. Hier konnten sich die Frauen auch ihre Haare waschen. In unserer Pferdebaracke hatten wir nur unsere Waschschüssel und einen Wasserhahn für etwa 60 Personen. Wir Geschwister können uns heute auch nicht mehr erinnern, wie unsere Mutter dafür sorgen konnte, dass wir überhaupt die Möglichkeit hatten, unsere Unterwäsche zu wechseln. Es gab im Lager eine Wäscherei, aber alles war so unzureichend. Doch eines ist mir noch ganz lebhaft in Erinnerung, meine eigene "Entlausungsaktion". Sie war sehr effektiv und ich kann sie jedem empfehlen, der ein Lagerleben durchmachen muss. Es war im Sommer, und ich habe mich dafür an eine sonnige Stelle in den warmen Sand gesetzt. Dann habe ich ein tiefes Loch gegraben und mich bis auf die Unterhose ausgezogen. Alle Kleidungsstücke habe ich im Sand vergraben. Nur ein kleiner Zipfel guckte oben heraus. Wie ein Jäger saß ich nun auf der Lauer, denn die Läuse kamen nach und nach am Zipfel nach oben gekrochen. Sobald ich eines dieser Ungeziefer sah, knackte ich es zwischen meinen Daumennägeln. Siegreich und erleichtert konnte ich mich wieder anziehen. Allerdings hatte ich mich bald wieder irgendwo angesteckt.

Endlich ein Zimmer allein

Nach dem Abtransport einer großen Anzahl von Flüchtlingen, bekamen wir die Möglichkeit, aus unserer Pferdestallbaracke auszuziehen und in einer Wohnbaracke zu wohnen Es war die Baracke M.

Jede Baracke hatte vorn und hinten eine Tür und dazwischen einen langen Flur, rechts und links waren mehrere Einzelzimmer. Zum ersten Mal durften wir als Familie allein in einer Stube wohnen. Ach, was war das für eine Erleichterung! Ein Junge zeigte mir ein schönes kleines Blumengärtchen neben unserer jetzigen Baracke. Er erklärte mir, dass hier die große ostpreußische Dichterin Agnes Miegel gewohnt habe. Sie sei kurz vor Weihnachten 1946 entlassen worden. Ich hatte von Agnes Miegel im Unterricht schon einiges gehört. Gerne hätte ich sie persönlich getroffen. Aber damals lebten wir noch in Silkeborg.

Spielen am Strand

Der warme Sommer gefiel mir in Oksböl ganz gut. Wir Kinder spielten gerne in den warmen, sandigen Dünen. Wir versteckten uns oder rutschten die Steilhänge herunter. Wir beobachteten die Mädchen, die am Strand turnten. Meine Schwester Dorle war sehr gelenkig. Sie machte Handstand und Brücke und konnte ein Rad schlagen wie ein kleiner Akrobat. Am anderen Ende des Lagers war ein schöner See. Ein Steg führte hinein. Dort habe ich aber meine Schwester nicht oft gesehen. Sie ist nicht auf den Steg gegangen. Sie kann bis heute nicht schwimmen und hat große Angst vor Wasser. Nachts quälen sie immer noch Angstträume vom Ertrinken. Vielleicht hängt das alles noch mit der Flucht über die Ostsee zusammen. Wir Jungen hatten am See unsere große Freude. Es gab dort einen etwa 2 m hohen Sprungturm. Schnell kletterten wir immer wieder hinauf und sprangen in das kühle Nass. Obwohl viele von uns nie

Schwimmen gelernt hatten, schafften wir es gerade noch bis zum Steg zurück. Auch ich konnte nur wie ein paddelnder Hund das Ufer erreichen. Ja, hier am See haben wir uns richtig ausgetobt. Etwas abseits vom Badestrand war der See mit Seerosen bewachsen. Rosen auf dem Wasser! Nie zuvor hatte ich so etwas Schönes gesehen.

Der Friedhof
Ich glaube, es hat in Oksböl trotz der mangelhaften Hygiene keine größeren schweren Epidemien gegeben. Wir wurden sehr oft geimpft. Auch das Essen ist langsam etwas besser geworden. Mittags holen wir unseren warmen Eintopf in unserer Schüssel oder unserem Essgeschirr von der Küchenbaracke. Einmal in der Woche gab es Fisch, den man sich selber in der Baracke braten konnte. Das war eine gute Abwechslung. Wir bekamen jetzt auch manchmal Gemüse. Morgens und abends konnte man sich Tee und Brot holen. Trotz aller Einteilung, Ordnung und Überwachung sind sicherlich nicht immer alle Lebensmittel gerecht ausgeteilt worden. Außer für Unterernährte und Kranke, Schwangere und Kleinkinder gab es immer wieder noch Sonderrationen für irgendwelche Leute, und es gab Hunger und Neid.

Es war auch ein Lazarett eingerichtet und nicht selten wurde jemand zu Grabe getragen. Das Lager hatte am Anfang einen eigenen Friedhof gehabt. Weil der Platz nicht ausreichte, war später ein größerer Friedhof außerhalb des Lagers angelegt, auf dem auch 121 deutsche Soldaten ihre letzte Ruhe fanden.

Dort kann man jetzt nachlesen, dass 1.279 Flüchtlinge im Lager Oksböl bis Februar 1949 verstorben sind. Dieser Friedhof ist der größte deutsche Friedhof in Dänemark. Er liegt angenehm eingebettet in einem Waldgebiet. Schon 1953 hat die GLO (Gemeinschaft junges Ostpreußen, Kamen, Westfalen) sich mit deutschen Schulkindern für den Friedhof eingesetzt. Der VDK (Volksbund deutscher Kriegsgräberfürsorge e.V.) hat ihn nach vielerlei Verhandlungen gestaltet und ausgebaut.

Am 4. 8. 1984 wurde ein großes Holzkreuz aufgestellt.

Wir fanden 2005 auch einen jungen Gingkobaum mit der Gedenktafel:

«Wachse in Frieden,
dass es nicht vergessen wird!
Dieser Gingkobaum wurde am 14. November 1997 von jungen Dänen und Deutschen
50 Jahre danach gepflanzt.
Deutsche danken Dänen.»

Wir gingen durch die schön bepflanzten Gräberfelder bis zu einem kleinen Informationshäuschen. Wir rechneten damit, dass es geschlossen sei, aber es ist ständig geöffnet. Es ist ein sehr sauberer Raum mit guten informativen Bildern und Schriften. Wir lasen: «Die junge Generation von heute soll sich an die furchtbaren Ereignisse in Europa von 1945 erinnern und soll von der Vergangenheit für die Zukunft lernen, dass Krieg und Gewalt als Lösung von Konflikten nicht die Mittel sind. Nur eine friedliche Evolution kann eine gemeinsame Lebensgrundlage für alle Nationen sein"

Ende des Lagerlebens 01. 08. 1947

Das Hauptthema, um das sich alle Gespräche in den Baracken drehte, war die Frage: „Wann und wie kommen wir hier endlich heraus?" Im Juni 1947 wurde endlich wieder einmal eine Gruppe von Flüchtlingen nach Deutschland entlassen. Es war nicht leicht, zu den Glücklichen zu gehören. Zunächst hatte man einen Verwandten oder Bekannten zu benennen, der schriftlich versicherte, dass er künftig für Unterkunft und Verpflegung sorgen werde. Der Verwandte hatte darüber hinaus einen Wohn- und Ernährungsnachweis und die Zuzugsgenehmigung der jeweiligen Besatzungsbehörde zu senden. Diese Nachweise mussten zur Behörde nach Kopenhagen geschickt werden. Erst wenn von dort eine Bewilligung eingetroffen war, konnte man damit rechnen, entlassen zu werden. Meine Eltern konnten niemanden bitten, uns aufzunehmen. Unsere Berliner Verwandten konnten unmöglich für uns alle sorgen. Ja, wer alle diese Voraussetzungen erfüllen konnte, war voller Freude. Aber alle, die weiter hinter dem Stacheldraht bleiben mussten, waren voller Wut.

So zitiere ich aus dem Buch: "Menschen hinter Stacheldraht", Blavandshuk Egnsmuseum, 2002, S. 17:

«*Am 9. Juni 1947 fand eine große Demonstration vor dem Bürgermeisterbüro statt. Bis tausend Frauen, die alle für den Abtransport in die britische Zone registriert waren, nahmen teil. Sie protestierten mit Recht und aus dem Grund, dass sie nun im zweiten Jahr eingesperrt und von ihren Angehörigen getrennt leben mussten. Sie forderten zu erfahren, wie lange sie noch unter diesen unmenschlichen Umständen im Lager bleiben sollten. Ein Protestschreiben wurde dem Bürgermeister überreicht.[...] mit dem Ergebnis, dass am 9. Juli noch 15.000 Flüchtlinge in die französische Zone ausreisen* konnten.» Diese große

Frauendemonstration hatte viele andere Lagerbewohner aufgerüttelt. Mancher, der seit langer Zeit in Lethargie verfallen war, sah plötzlich neue Möglichkeiten. Auch hörten wir, dass sich Flüchtlinge für ein neues Zuhause nach Argentinien melden könnten. Diese Personen sollten gute Kenntnisse in der Landwirtschaft haben. Der Argentinische Staat würde den Neubürgern eine Starthilfe geben. Viele Leute waren nach einiger Überlegung bereit, diesen neuen Weg zu wagen. Unsere aufgeschlossene und risikofreudige Mutter war auch bald dazu bereit. Vater konnte sich nicht so leicht entschließen. Auch wir Kinder stellten uns auf die neue Idee ein und redeten Vater zu: „Wie lange sollen wir noch hinter Stacheldraht leben? Was für eine Zukunft erwartet uns?" Nach einigen schweigsamen Tagen war auch Vater bereit, mit uns in eine ganz andere Welt zu ziehen. Der Lehrer zeigte uns auf der großen Weltkarte den weiten Weg bis Argentinien. Er erklärte: „Wir haben jetzt Sommer, aber in Argentinien ist jetzt Winter." Ich war voller Neugier und ließ mir das kleine Dänemark zeigen, das größere Deutschland und dann das weite, lange Argentinien. Es war unvorstellbar!

<u>Oder in den Schwarzwald?</u>

Eine Unruhe hatte sich unter den Erwachsenen ausgebreitet. Wir wussten alle, dass wir nicht in unser Heimatdorf zurückkehren könnten. Wir mussten uns damit abfinden, irgendwo aufgenommen zu werden. Wird jemand für uns einen Platz haben? Werden die Menschen Mitleid mit uns haben? Sind wir wie Bettler geworden?

Ich hörte, wie man darüber sprach, dass der kath. Bischof Kaller sich für seine Ermländer eingesetzt habe. Er habe den einzelnen Behörden vorgeschlagen, möglichst auch die Konfessionen zu berücksichtigen und die katholischen Ermländer in katholischen Gegenden anzusiedeln. Diese Nachricht hörten meine Eltern gerne. Ja, unter Katholiken zu wohnen so wie früher, das könnte gut werden. Wir redeten immer wieder darüber. Dann stellten meine Eltern auch in diesem Sinne einen Antrag auf Aussiedlung.

Inzwischen war es uns schon ganz egal, wohin man uns entließ, Hauptsache, wir könnten das Lager endlich verlassen. Und tatsächlich öffneten sich für uns die Pforten. Man teilte uns mit, dass wir im Schwarzwald angesiedelt werden sollten. Nun waren wir doch froh, denn die weite Reise nach Argentinien und das neue Leben in einem ganz fremden Land, das hatte besonders unseren Eltern Sorgen gemacht. Allerdings wussten wir auch wenig über den Schwarzwald. Der Vater sagte, dass er am Ende des 1. Weltkrieges durch den Schwarzwald gefahren sei. Er könne sich nur noch an eine bergige Landschaft erinnern und an recht dunkle, dichte Wälder. So waren wir alle aufgeregt und gespannt, was uns da erwarten würde. Nun wird alles besser werden! Alles wird wieder normal, so wie es früher gewesen war, hofften wir. Ich meine, es war der 01. August 1947, als wir wieder einmal unser kleines Gepäck zusammen packen sollten. Aber diesmal, so hofften wir, wird es endgültig sein. Wir wollten uns von nun an nicht mehr an Stacheldrahtzaun und Lagerordnung erinnern, nicht mehr an Eingangspforte und an die Bewachungsposten. Nun sollte eine neue Zeit für uns beginnen.

Als ich 2005 als 72jähriger doch wieder nach Oksböl zurückgekommen war und die alten Bilder lebendig wurden, da merkte ich deutlich, dass in mir inzwischen auch andere Gefühle und Gedanken die Oberhand haben. Im Gegensatz zu meiner damaligen Lage, habe ich jetzt viel mehr Kenntnisse über politische Hintergründe. Heute kann ich auch ermessen, was es 1945 für die Dänen bedeutet haben muss, dass man ihnen zwangsweise einen Flüchtlingsstrom von etwa 240.000 Personen zugemutet hat. Um diese Menschen einigermaßen unterzubringen, wurden 1100 Gebäude, wie Schulen, Hotels, Sportanlagen, öffentliche Büros, Restaurants, Museumsgebäude usw. beschlagnahmt. Ich habe gelesen, dass die Deutschen besonders von der Dänischen Widerstandsbewegung als Feinde angesehen wurden und verhasst waren. Heute kann ich gut verstehen, dass der Stacheldrahtzaun und die Isolierung die Flüchtlinge auch vor Übergriffen geschützt hatten. Ein großes Mitgefühl ergreift mich, wenn ich heutzutage im Fernsehen konfrontiert werde mit Flüchtlingslagern in der sogen. "Dritten Welt". Dann weiß ich, dass wir in Dänemark human behandelt worden sind. Ich will meine Kindheits-Erlebnisse und die damit verbundenen Gefühle nicht mit diesen Worten verleugnen, aber ich will den verantwortlichen Dänen heute meinen aufrichtigen Dank sagen.

Damals drehte ich mich nicht mehr um, als der Abmarsch begann. Mir taten nur die leid, die noch im Lager zurückbleiben mussten. Jeder von uns hatte seinen "Pungel", wie wir Ostpreußen sagen, zu schleppen. Die von mir gebaute Holzkiste war jetzt sehr nützlich. Wir trugen sie abwechselnd zu zweit. Und so gingen wir geschlossen in einer recht großen Flüchtlingsgruppe bis zum Bahnhof Oksböl. Dort stand schon der Eisenbahnzug. Recht geordnet stiegen alle in das ihnen angewiesene Abteil. Nochmals wurden alle namentlich kontrolliert, aber kam der ersehnte Augenblick: Die Lokomotive setzte sich tatsächlich in Bewegung. Es ging Richtung Süden. Die Grenz-kontrolle vor Flensburg dauerte für mich noch recht lange, denn ich wollte nun endlich wieder in Deutschland sein. Grenzkontrollen wurden damals "in der schlechten Zeit" noch sehr streng durchgeführt. Aber wir hatten nichts zu verzollen, Schmuggelware hat es im Lager nicht gegeben. Wir waren bitterarme Flüchtlings-familien. Dann wurden wir weitergeleitet, doch schon an den ersten größeren Städten hielt der Zug wieder an. Wir wurden häufig auf ein anderes Gleis geschoben und mussten dort warten. Niemand wusste, wie lange. Aussteigen konnte man nicht, denn unvermittelt konnte es plötzlich wieder weiter gehen. Nach Stunden, die mir sehr, sehr lang vorkamen, durchfuhren wir Teile einer großen Stadt. Es hieß, das sei Hamburg. Ich war erschüttert. Ob rechts, ob links, - überall sahen wir zerbombte Häuser, zerstörte Kirchen, Bombentrichter auf oder neben den Straßenbahn-schienen, - Menschen, die trotzdem scheinbar in den zerschossenen Häusern eine Bleibe gefunden hatten. **Wir standen eine längere Zeit auf einem Seitengleis. Ich stieg aus und sah mir die Zerstörung im Umkreis an. Ich hatte noch die schönen, gepflegten Häuser Dänemarks mit der Blumenpracht in den kleinen Gärten im Gedächtnis. Alles war dort so sauber und ordentlich. Die Bilder der bombardierten, brennenden Stadt Danzig, die ich gesehen hatte, als ich für die Soldaten die Gulaschkanone gefahren hatte, waren schon vergessen. Ich hatte mich so über das gepflegte Silkeborg gefreut. In Deutschland hatte ich** etwas Ähnliches erwartet. Ich kannte bis Ende 1944 nur eine heile Welt. Zwar hatten wir auch von Bombenterror in deutschen Großstädten gehört, aber von der Partei sind alle Ereignisse des Krieges heruntergespielt worden. Darum haben wir in unserem kleinen Kaschaunen sehr wenig vom Weltgeschehen gewusst. Wir waren alle erschrocken über den Anblick der Großstadt Hamburg. Beim Weiterfahren sahen wir ähnlich kaputte Städte: Hannover, Kassel, Frankfurt, - überall das gleiche Bild. Inzwischen war es Abend geworden. In manchen Stadtteilen war kaum Licht zu sehen. Wann und wie sollte das alles wieder aufgebaut werden? Am nächsten Vormittag lag Frankfurt schon hinter uns. In unserem engen, alten Eisenbahnwagen wurde es zusehends ungemütlicher. Die Toiletten waren vollkommen verschmutzt. Der Abzug war verstopft. Sobald der Zug anhielt, kletterten die Leute aus dem Waggon, um sich am Rand der Böschung zu entleeren. Erika und ich kletterten zwischen die Verkupplung der Waggons und setzten uns auf die Puffer. Das war zwar etwas gefährlich, aber wir hatten frische Luft und genossen den Wind der Freiheit.

Gregor Bergmann

Auch Agnes Miegel, die ostpreußische Dichterin musste aus Königsberg fliehen und war in Oksböl untergebracht. Sie beschreibt es auf ihre Weise:

Flüchtling aus dänischem Lager- A. Miegel

Einmal in ferner Zeit,
einmal wird auch dies Vergangenheit.---
Manchmal zur Nacht
schreckt einer auf über Räderknarren
und flüstert: „So kamen wir damals gefahren
auf unseren Bündeln, müde und überwacht.
So ging durch die Kiefernkrone der Wind,
und die Baracken standen schweigend und blind
in der ersten Stunde, da wir im Lager waren. -"
Und er sieht wieder lang vergess'ne Gesichter.
Namen rollen heran wie Wogenschaum.
Es schimmert aus dunkler Stube wie
Weihnachtlichter,
aber es bleibt verworrener Traum
und verweht mit dem Morgen.
Zu tief ist der Schlaf.

Aber wenn einer den andern traf,
und wär's auch nach Jahren, -
von denen, die dort beisammen waren, -
dann sind versunken die Alterssorgen.
Vergessen ist, was sie vergaßen.
Sie wandern wieder zu zweit die Lagerstraßen.
„Wohntest Du nicht im L – Block?
Ich wohnte in A!"
Alles ist wieder da: Holzschlorrengeklapper,
 Kiefernhauch,

Windelgeflatter,
Friedhofskreuze und rostiges Stacheldrahtgatter,
Suppendampf, Küchenschlange, Gerüchtegeflüster,
Kienrauch und Wäschequalm im zugigen Düster,
Flundernrauchdunst über winzigem Gartenbeet
und Wandervogelgeschrei, im Sturm verweht,-
und der lange Stubentisch
um die Schummer-stunde,
und inmitten der Runde
grauhaarige Pythia über den Karten:
„Lebt mein Mann?"
„Wird mein Junge schreiben?"
„Müssen wir noch lange hier bleiben?"
„Liegt die Reise weit?"
Ach, immer das alte Leid,
warten, bloß warten.---
Und Torfrauch und Wispern:
„Wart Ihr Gestern dabei?
Ein zu schöner Film! Wie einst im Mai. – "
Und sinkende Dämmerung.
Im Flur noch ein Streit,
noch ein bisschen Kichern.
Draußen im Abendwind
heult die Sirene. „S'ist Schlafenszeit!"
Torffeuer verknistert. Leise weint ein Kind.
Und alles ist Dunkel und enge Geborgenheit.---
Ja, alles ist wieder da!
Was weiter geschah, was aus ihnen geworden,
alles wurde auf einmal nichtig.
Nur dieses ist wichtig:
Mögen hundert Andre um sie sein;
Jene Zeit im Norden
schließt die beiden wie eine Glocke ein.
Und wenn sie die Hand sich zum Abschied geben,
wissen sie: Über Trennung und Zeit

steht über ihrem Leben –
und über jenen, die noch
weit verstreut einer vom andern
ferne nun wandern, -- oft vergessen
und unvergesslich doch,
ihres Flüchtlingslagers große Gemeinschaft, --
und wäre sie hundert Male Vergangenheit!

Agnes Miegel, 22.12. 1945, Lager Öksböl

Teil II

Flüchtlingsproblematik heute

Ist 1945 überhaupt mit heute vergleichbar?
Mindestens kann man es gegenüberstellen!
Es braucht nämlich gar nicht viel Studium, es genügen schon diese sieben unterschiedlichen Menschen, die heute noch, nach fast 60 Jahren sich an die eigene Flucht und an das Lagerleben erinnern und uns davon berichten.
Ihre Worte sollten schon genügen, damit wir nicht vergessen, was viele von uns Deutschen nach dem furchtbaren 2. Weltkrieg am eigenen Leib erleben mussten: Panische Flucht der Mütter mit ihren Kindern, Alten und Kranken vor der Roten Armee, anschließend das Lagerleben und schließlich Verachtung und Ablehnung bei der Eingliederung. Was etwa eine Mutter leidet, wenn sie im Durcheinander der Trecks plötzlich den eigenen Wagen mit den Kindern aus den Augen verliert,
(Seite 61), oder wie es ist, wenn man Tag für Tag Hunger hat (Seite 27) ,vor Kälte sich nicht schützen kann (Seite 39) ,man mit Fremden auf engstem Raum zusammen leben muss (Seite 15),
solche Erfahrungen sind heute wie damals schweres menschliches Leid, egal, ob es in Syrien, in Somalia, im Kongo oder auf Lampedusa erlebt wird.
Ja, es gab damals eine Rettung über die Ostsee, organisiert und bewundernswert diszipliniert bis zum bitteren Ende ausgeführt von den eigenen deutschen Soldaten. Nicht etwa so, wie die betrügerischen Schlepper heutzutage, die das

Mittelmeer zum Massengrab machen. Aber ist es nicht die gleiche Todesangst, die die 5.100 Menschen auf der Gustloff oder die 15 000 auf anderen deutschen Schiffen durchlitten haben, ebenso wie 1.000 die jährlich im Mittelmeer ertrinken, wie man lesen kann.
Fast täglich wird davon berichtet, dass auch heute Menschen auf der Flucht sind. Immer wieder hören wir die Kriegsberichte. Begreifen kann ich es nicht. Ich weiß auch nicht, was in uns steckt, wenn wir uns mehr und mehr an solche furchtbaren Bilder gewöhnen.
Hört denn diese Kriegstreiberei niemals auf?

„Wegsehen ist keine Lösung",
so schreibt Ulrike Schnellbach in Publik-Forum „Es ist offensichtlich: Wie bisher kann es nicht weitergehen. Europas Abschottung hat schon so viele Menschen das Leben gekostet, nicht nur im Mittelmeer. Migrationsforscher wissen längst: Kein Grenzzaun der Welt hält Menschen davon ab, vor Kriegen oder Hungersnöten zu fliehen."
Es ist zwar auch offensichtlich, dass z. B. in sehr vielen afrikanischen Ländern korrupte Diktatoren das menschliche Elend ihrer Landsleute verursachen. Geht es uns deshalb nichts an? Haben wir also gar nichts damit zu tun?
Ulrike Schnellbach schreibt sehr richtig, wie ich meine: „Seit Jahrhunderten beutet der globale Norden den Süden aus; Selbst die Entwicklungshilfe dient oft in erster Linie den Wirtschaftsinteressen der Geberländer. Bis heute trägt Europa dazu bei, dass Menschen fliehen müssen: durch Ausbeutung der Rohstoffe und weitgehend ungehemmte Rüstungsexporte; durch die Zerstörung des Klimas,

die ganze Landstriche in Afrika unbewohnbar macht". Und Fanny Dethloff, die Flüchtlingsbeauftragte der Evangelisch-Lutherischen Kirche in Norddeutschland sagt: „Solange wir Europäer die Ursache für die Migrationsströme sind, müssen wir auch Lösungen bieten."

Wie war es damals, als das kleine Dänemark 350 000 Flüchtlinge aufgenommen hat? Damals war Dänemark noch von den Deutschen besetzt und musste dem Befehl Hitlers Folge leisten. Arne Gammelgaard schreibt in „Auf Führerbefehl in Dänemark": Inklusive der Besatzungsarmee ist die Gesamtzahl deutscher Menschen in Dänemark am 5. Mai 1945 mindestens 700.000 und Dänemarks Bevölkerung war ca. vier Mill.!" Nein, beliebt waren die Flüchtlinge dort bestimmt nicht. Die Dänen mussten für sie viele Schule, Hotels, Speicher, Packhäuser und Sportstätten, ja sogar Hospitäler frei machen. Die „Hungerleider" wurden sie auch nach der Kapitulation nicht so schnell wieder los, wenn gleich diese gerne die Lager verlassen hätten. Obwohl sie selber wenig hatten, mussten die Dänen die Flüchtlinge versorgen mit Unterkunft, Verpflegung, Heizung, ärztlicher Versorgung und Schutz vor Übergriffen bis 1948.
Geht es nicht Jordanien jetzt ähnlich? Dieses kleine Land hat 500 000 Menschen aufgenommen. Und sind die Zustände in den riesigen türkischen Lagern nicht in etwa mit dem Lager Oksböl zu vergleichen? Verachtet werden, eingesperrt sein, Hunger und Durst haben, Langeweile aushalten, einen eigenen Intimraum vermissen, so etwas fühlt sich in Jordanien oder in Griechenland genauso an wie in Dänemark.

Migrationsforscher sagen, dass die meisten Flüchtlinge sowieso in ihren Heimatregionen bleiben, um nach dem Krieg rasch zurückkehren zu können.

Ulrike Schnellbach zitiert den Präsidenten des Europaparlaments Martin Schulz (SPD), der einen Kurswechsel fordert: "Europa muss endlich anerkennen, dass es ein Einwanderungskontinent ist. Deshalb brauchen wir ein legales Einwanderungssystem."

Doch da kommen Ängste hoch. Man sagt: Das sind doch alles Wirtschaftsasylanten! Die nehmen uns was weg. Wir wollen nichts von dem abgeben, was wir uns mühsam erarbeitet haben. Wir können doch nicht alle aufnehmen, die hier her wollen! Wir wollen uns nicht mit diesen Fremden abgeben! Die können sich nicht anpassen und nicht wie Deutsche leben."

Es sind fast die gleichen Worte, die immer gleichen Ängste, wie sie auch den deutschen Flüchtlingen entgegen-schlugen, als sie etwa in Schleswig-Holstein, im Schwarzwald oder an einem anderen Ort eingegliedert werden sollten. Niemand wollte sie haben (Seite 62, 66, 68). Sicher, man hat später gemerkt, dass die Zugezogenen auch eine Bereicherung bedeuteten, dass es tüchtige Bauern waren, die sich selber schnell hocharbeiteten (Seite 33 + 50).

Auch sollten wir vor Augen haben, dass wir ein alternder Kontinent sind. Wahrscheinlich werden wir noch auf Einwanderer angewiesen sein, nicht nur auf Fachkräfte, sondern auch auf Helfer in vielerlei Dienstleistungen. Schon jetzt herrscht bei uns ein deutlicher Pflegenotstand.

„Flucht in Zahlen"
Frau Ulrike Schnellbach hat das Thema zusammen gefasst:
„Weltweit sind dem UN-Flüchtlingshilfswerk zufolge
45 Mill. Menschen. auf der Flucht,
die meisten innerhalb ihrer eigenen Länder.
Ca.15 Mill. sind völkerrechtl. anerkannte Flüchtlinge.
80 % von ihnen fliehen in Nachbarstaaten,
weniger als 10% kommen nach Europa.
So haben von den fast 2 Mill. syrischer Bürgerkriegsflüchtlinge
bislang nur etwa 50 000 in Europa Schutz gesucht;
allein der kleine Libanon hat 700 000 aufgenommen,
Jordanien mehr als 500 000.
Etwa 25 000 Flüchtlinge sind seit 1988 an Europas Außengrenzen umgekommen,
schätzen Menschenrechtsorganisationen.
Für die gemeinsame Grenzschutz- Agentur „Frontex"
geben die EU-Staaten jährlich 85 Mill. Euro aus.
Für den jetzt beschlossenen Aufbau des Überwachungssystems „Eurosur"
sind zusätzlich 340 Mill. Euro eingeplant.
Bis zum Jahr 2025 fehlen der deutschen Wirtschaft nach Experteneinschätzung 6 Mill. Arbeitskräfte."

Kriege hat es immer gegeben.
Kann man überhaupt Hoffnung haben?
Eugen Drewermann schreibt in „Der Krieg und das Christentum":
„Der Krieg ist ein Problem, das nicht einer bestimmten Zeit, einer bestimmten Kultur, einer bestimmten Gesellschafts- oder Wirtschaftsform

angehört, er ist im wahrsten Sinne des Wortes ein menschheitliches Problem. Der Mensch ist kriegerisch; das ist das Problem des Krieges. Wer den Krieg vermeiden will, ...muss den Menschen studieren. ...Mit was für einem Menschen haben wir es zu tun, wenn er das einzige Lebewesen ist, das in der Natur immer wieder innerhalb seiner eigenen Art um bestimmter Grenzziehungen will Kriege führt mit dem Ziel der Ausschaltung, ja, der Vernichtung des Gegners?"

Wir können Hoffnung haben

Den Menschen studieren, seine psychische Eigenart verstehen, besonders seine innere Angst, das ist notwendig.

Weil sich in dieser Erkenntnis viel getan hat, und immer noch tut, können wir trotz allem heute Hoffnung haben. Es gibt seit 1959 die **Friedensforschung**. International sind an vielen Universitäten junge Menschen dabei, Vorschläge zu entwickeln, wie die Ursachen von Konflikten möglichst frühzeitig erkannt, ihrer gewaltsamen Austragung vorgebeugt und politische Regelungen getroffen werden.

Auf ähnlicher Basis arbeiten internationale Institute an Hochschulen in der **Konfliktforschung** und bieten ihre Hilfen an.

Schon an den heutigen Schulen lernen Kinder, die Rolle eines **Schlichters** zu übernehmen, wie ich von meinen Enkelkindern erfahren durfte. Sie üben im Kleinen schon die Arbeit eines Mediators: das Zuhören, die Interessensklärung und die Kommunikation mit dem Ziel, dass beide Parteien selbst eine verantwortliche Lösung des Konfliktes finden.

Das sind deutliche Zeichen, dass einflussreiche Köpfe wie z. B. Carl Friedrich von Weizsäcker schon lange wissen, wo die Veränderung beginnen muss. Schon seit dem 20. Jahrhundert existieren die **UNO** und der **Völkerbund**. Und werden nicht jedes Jahr die Friedensbemühungen mit dem Friedensnobelpreis belohnt?

Eine starke Auswirkung auf Krieg und Frieden hatte zu allen Zeiten die Religion. Damit meine ich alle Religionen. Sie könnten helfen, die innere Angst im Menschen zu überwinden. Mahatma Gandhi sagt, dass es uns nicht möglich ist, friedfertig und gewaltlos zu sein, solange der Zustand der Angst noch andauert; die Angst zwingt zu immer neuer Selbstsicherung, immer größeren Gewaltmaßnahmen.
Dazu erläutert E. Drewermann: „Man muss kraft des Religiösen im Vertrauen auf Gott der Angst enthoben sein, um friedfertig sein und handeln zu können."

In diesen Tagen ist das Flüchtlingsproblem im politischen Gespräch. Wir dürfen hoffen, dass vernünftige Lösungen gefunden werden.
Ich danke darum besonders den Frauen und Männern, die ihre Berichte zur Verfügung gestellt haben. Vielleicht sind es gerade die anschaulichen persönlichen Erinnerungen, die unserer nächsten Generation helfen, Kriege mit ihren schrecklichen Folgen weltweit einzudämmen.

Renate Bergmann

Quellen und Literatur

Berichte über Flucht und Internierung von
Geschwister Hennig,
Paul Zieglowski,
Edeltraut Kowald, geb. Habermann
Georg David,
Meta Michalek, geb. Fellenberg
Edith Schöpf, geb. Hesse
Gregor Bergmann

„Menschen hinter Stacheldraht", Leif Guldmann Ipsen, 2002,
Blävandshug Egnmuseum: Zitat S. 17

Gedicht von Agnes Miegel

„Wegsehen ist keine Lösung" von Ulrike Schnellbach,
aus „Publik-Forum, kritisch, christlich, unabhängig, Oberursel,
Ausgabe 20/2013"

„Der Krieg und das Christentum"
Eugen Drewermann, 1982: Seite 45 und 377